역사와 유토피아

역사와 유토피아

펴낸날 2022년 9월 29일 초판 1쇄
지은이 에밀 시오랑 | **옮긴이** 김정숙
펴낸곳 챕터하우스 | **출판신고** 2007년 8월 29일 제315-2007-000038호
주소 서울시 강서구 화곡로68길 47, 601호 | **전화** 070-8842-2168 | **팩스** 02-2659-2168
이메일 chapterhouse@naver.com | **블로그** blog.naver.com/chapterhouse
ISBN 978-89-6994-029-2 03100

책값은 뒤표지에 있습니다. 잘못된 책은 구입하신 곳에서 바꾸어 드립니다

역사와 유토피아

에덴의 기억이나 예감이 없다면 숨을 쉬는 것도 형벌이다

에밀 시오랑 글

김정숙 옮김

CHAPTER
HOUSE
챕터하우스

곧 모든 것의 종말이 오리라.

그리고

새로운 하늘과 새로운 땅이 있으리라.

《요한묵시록》

옮긴이의 말

　　1960년 파리에서 프랑스어로 출판된 시오랑의 《역사와
유토피아》는 역사와 유토피아라는 두 명제에 대한 성찰을
담고 있다. 수없이 다루어져 왔지만 항상 시사성을 잃지 않
고 있는 주제다. 함축적인 짧은 글로 이루어진 다른 저작들
과 달리 인용문과 세밀한 분석을 통해 논리적이고 체계적으
로 설명하고 있어 특유의 날카로운 독설이 완화되어 있지만,
시오랑이 인간을 바라보는 시선은 여전히 냉혹하다.

　　인간은 선한 존재가 아니다. 인간을 행동하게 하는 것은
미덕이 아니라 악덕이다. 권력을 향한 욕망, 원한, 질투와 같
은 부정적 감정들이다. 경쟁과 투쟁으로 피로한 인간은 열렬
하게 유토피아를 염원한다. 유토피아는 가능할까? 아니다.

6

유토피아는 경직과 침체를 피할 수 있는 개념으로 유용하지만 결코 실현될 수도 없고, 실현되어서도 안 되는 이상향이다. 악의 어둠이 사라지고 빛만 존재하는 일원성의 세계, 갈등과 다양성이 진정된 세계, 영원한 현재가 지배하는 정체된 세계, 그 유토피아에서 인간은 살 수 없다. 그 획일성과 단조로움에서 인간은 질식한다.

모든 인간의 활동은 유토피아와 반대 상황에서 이루어진다. 역사라고 부르는 것이다. 역사의 본질은 정체가 아니라 끊임없는 생성 변화이다. 변화의 동력은 다양성이며, 단절이고 돌발성이다. 변화의 주체는 인간이다. 인간의 의식은 선택의 가능성을 열며 자유를 갖게 하고 행동으로 나아가게 한다. 인간은 의식을, 자유를, 지식을 포기할 수 없다. 인간임을 포기하는 것이기 때문이다. 그러므로 "우리가 어디에 속해 있는지 용기를 내어 인정해야 한다." 그리고 구원을 인간 내면에서 찾아야 한다. 시오랑이 전달하고자 하는 메시지는 그렇게 인본주의적이다.

— 김정숙

차례

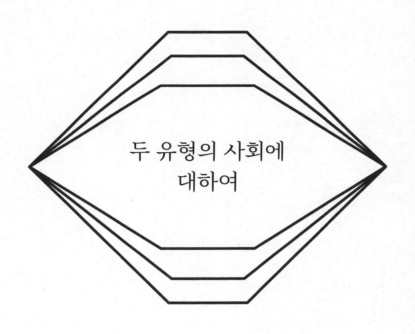

두 유형의 사회에
대하여

멀리 있는 한 친구에게 보내는 편지

긴 침묵의 세월을 보내고 난 지금 나와 당신의 나라였지만 이제는 누구의 나라도 아닌 그곳에서 당신은 재촉합니다. 내가 살면서 두루 살펴볼 수 있는 행운이 있었던 "굉장한" 세상에 대해서 그리고 내가 하는 일에 대해서 자세히 알려달라고. 나는 하는 일이 아무것도 없고 내가 사는 곳도 전혀 굉장하지 않다고 대답할 수밖에 없습니다. 정확한 사실이지만 당신의 호기심을 진정시키지도 못하고 당신의 질문에 만족스러운 대답도 되지 않겠지요. 당신이 했던 질문 중에 비난인지 아닌지 구분이 안 되는 질문 하나에 놀랐습니다. 언젠가 모국어 루마니아어로 되돌아올 생각이 있는지 아니면 프랑스어를 계속 쓸 것인지 그 질문이었습니다. 제가 프랑스어를 잘한다고 생각하지만, 사실은 그렇지 못합니다. 앞으로도 그럴 것입니다. 빌려 쓰는 남의 언어 프랑스어와 씨름했던 지난 시간은 악몽이었습니다. 프랑스어에서는 단어들이 생각에 생각을 거듭해서 만들어져 정제되어 있고, 너무 섬세해서 알 듯 모를 듯합니다. 갖가지 뉘앙스의 무게에 짓눌려 있고 너무 많은 의미를 표현하려고 하는 나머지 의미가 사라졌습니다. 놀라울 만큼 명료합니다. 피곤하며 예의 바른 언어입니다. 저속한 부분에서까지 조심스러운 언어입니다. 나 같은 스키타이족(흑해 동북 지방의 초원 지대에서 활약한 기마 유목 민족 - 옮긴이)이 어떻게 거기에 적응해서 정확한 의미와 관념들을 세밀하고 정확하게 파악할 수 있겠습니까? 단어마다 김빠진 품위로 현기증 나게 합니다. 그렇지 않은 단어는 하나도 없습니다. 흙, 피, 영혼의 흔적이 전혀 없습니다. 문장 구조는 위세 당당하고 뻣뻣한 시체 같습니다. 단어가 들어갈 자리를 정해주고 벗어나지 못하게 합니다. 신이라도 자리를 바꿀 수 없을 것입니다. 너무 고상하고 품격이 있어 접근하기 어렵습니다. 정확한 문장을 하나 쓰는 데도 커피를 얼마나 마셨으며 담배를 얼마나 피우고 사전을 얼마나 뒤적여야 했는지요! 불행하게도 돌아서기에는 너무 늦게 알아차렸습니다. 그렇지 않았다면 모국어를 버리지 않았겠지요. 신선한 것과 썩어가는 것의 냄새, 햇살과 진흙, 추한 슬픔, 당당한 상스러움이 있는 루마니아어가 그리울 때가 있습니다. 그러나 다시 돌아갈 수 없습니다. 내가 선택해야 했던 언어가 나를 지배합니다. 내가 쏟은 노력이 인질입니다. 당신이 말하듯 나는 '배반자'일까요? "조국이란 사막에 세운 야영장이다." 티베트 격언입니다. 그렇게 비약하지 않겠습니다. 세상의 어떤 경치도 내 어린 시절 보았던 경치와 바꿀 수 없습니다. 내 기억의 마술 아니면 기억의 부족이 고향을 천국으로 만들었습니다. 태어나 자란 고향은 우리 모두를 따라다닙니다. 그러나 태어난 곳에 대해 내가 느끼는 감정은 온통 부정적입니다. 자책의 언어, 굴욕을 수용하고 선언하는 언어, 재난에 합의하는 언어입니다. 그런 조국애는 정신병리학적인 것일까요? 동의합니다. 하지만 어쩔 도리가 없습니다. 당신과 나의 운명을 보아도—숨길 이유가 있겠습니까?—유일하게 이성적인 것으로 보입니다.

고향의 흙먼지에 체념한 당신은 나보다 행복합니다. 가장 경직된 것까지 온갖 정권을 견디는 능력이 있습니다. 환상이나 무질서를 좋아한다고 할 수 없지만 '민주주의'에 당신처럼 저항하는 사람은 보지 못했습니다. 사실 당신만큼 민주주의를 혐오했던 시절이 내게도 있었습니다. 아마 더 했을 수도 있습니다. 젊었을 때입니다. 내 진실과 다른 진실을 인정할 수 없었습니다. 상대에게 진실을 주장하고 강요할 권리가 있다는 것을 인정하지 못했습니다. 여러 정파가 서로 죽이지 않고 대치하면서 공존할 수 있다는 것을 이해할 수 없었습니다. 의회제도란 인간의 수치라고 생각했습니다. 열정도 신념도 없고 절대에 맞지 않고 미래도 없는 꽉 막혀 답답한 제도였습니다. 토론의 목표가 반대자를 처단하는 것이라는 사실을 가르쳐줄 능력도 없는 나약한 인간들의 상징이었습니다. 의회제를 폐지하고 대신할 수 있는 체제가 있다면 모두 '훌륭하다고' 생각했습니다. 서른이 되기 전 어떤 식으로든 극단주의에 빠져보지 못한 사람을 존경해야 할지 경멸해야 할지 모르겠습니다. 성자라고 해야 할지 시체라고 해야 할지 모르겠습니다. 시대에 앞서 있거나 뒤처져 있다는 것은 동물적인 에너지가 부족한 것이 아니겠습니까? 긍정적인 장애인지 부정적인 장애인지 아는 것은 중요하지 않습니다. 파괴의 욕망도 의지도 없다면 수상합니다. 악마와 싸워 이겼거나 더 심각하게도 악마를 한 번도 만나본 일이 없다는 것입니다. 삶을 진정으로 산다는 것은 타인을 거부하는 것입니다. 타인을 받아들이려면 자신을 포기해야 합니다. 자신을 억누르고 본성을 거스르며 행동하고 '약해질 줄' 알아야 합니다. 자유는 자기만을 위한 가설입니다. 가까운 사람에게 자유를 주는 것만도 지치는 노력을 치러야 합니다. 그래서 자유주의는 불안정합니다. 우리의 본능에 도전하기 때문입니다. 자유주의의 성공은 순간의 기적입니다. 우리의 깊은 욕구를 배반하는 예외적 상태입니다. 우리에게 당연히 맞지 않습니다. 힘이 빠져야 앞에 문이 열립니다. 인간은 비참한 족속입니다. 무기력해져야만 고귀해질 수 있습니다. '인간적' 원칙에 복종하려면 누구나 일찍 늙어야 합니다. 관용은 정열이 식은 것입니다. 에너지 과잉이 아니라 부족으로 생긴 불균형입니다. 관용은 젊은이를 유혹하지 못합니다. 젊은이가 정치 투쟁에 끼어들면 문제가 생깁니다. 우리 시대가 피투성인 것은 젊은이들을 너무 떠받들기 때문입니다. 최근 사건들은 그들 때문입니다. 잘못된 판단을 추종하고 행동에 옮기기 쉽습니다. 젊은이에게 희망을 주십시오. 아니면 살육의 기회를 주십시오. 눈을 감고 따를 것입니다. 청소년이라는 말은 광신도라는 말입니다. 나도 어처구니없을 정도로 광신도였습니다.

열정과 분노의 순간들, 내 머리를 휩쓸고 혼미하게 했던 미친 생각들이 다시 떠오를 때가 있습니다. 지금 생각하면 박애나 파괴의 환상 때문이 아니었습니다. 뭔지 모를 순수함에 대한 강박 때문도 아니었습니다. 동물적 슬픔이 열정의 가면 아래 숨어서 나를 괴롭히고 있기 때문이었습니다. 나는 그 슬픔과 공범이었습니다. 잔인해지든지 무기력해지든지 둘 중 하나를 선택하지 않아도 된다는 게 좋았기 때문입니다. 나의 속성은 잔인함이었습니다. 말할 게 무엇이 있겠습니까? 나의 영혼은 늑대였습니다. 잔인성은 혼자 자라 나를 만족시키고 즐겁게 했습니다. 자신을 늑대라고 생각하는 정신병자 중에 가장 행복했습니다. 명예를 갈망하면서 동시에 뒷걸음질 쳤습니다. 일단 얻고 나면 무슨 가치가 있겠습니까? 지금 세대나 미래 세대에게만 의미가 있는 것이지 과거 사람들에게는 의미가 없지 않습니까? 마르쿠스 아우렐리우스 같은 현명한 황제나 네로 같은 미치광이 황제가 몰라준다면 이름을 날리는 것이 무슨 소용 있습니까? 수없는 우리의 우상 앞에 우리는 존재하지 않는 것과 같습니다. 내 이름은 과거 어떤 시대도 흔들 수 없습니다. 이후에 올 시대에는 소용이 있을까요? 영원을 갈구하는 사람에게 반쪽짜리 시간은 필요가 없겠지요.

내가 어떤 갈등을 거쳐 어떤 방식으로 광기에서 벗어났는지 말씀드리지 않겠습니다. 너무 깁니다. 발칸반도가 핵심에 놓여 있는 — 있었던 — 끝없는 논쟁 가운데 하나와 관련이 있다는 말만 하겠습니다. 그러나 내 갈등이 어떤 것이었든 내 방향 전환의 유일한 이유는 아니었습니다. 자연발생적인 현상이 훨씬 더 중요하게 작용했습니다. 어쩔 수 없는 징후였습니다. 나는 점점 관용의 조짐을 보였습니다. 내적인 변화, 불치의 병이 나타나고 있었습니다. 더 이상 적이 죽기를 바랄 힘이 없어지면서 나는 극도로 긴장했습니다. 오히려 적을 이해했습니다. 적의 고통을 나의 고통과 비교했습니다. 그가 존재했고 그것이 다행스러웠으니 이름도 없는 타락의 길로 들어선 것이었습니다. 쾌락의 원천이었던 증오심이 날마다 줄어들며 진정되었습니다. 나의 가장 좋은 부분이 사라졌습니다. 어떻게 할까? 깊은 수렁으로 미끄러져 들어가고 있는 것일까? 끊임없이 자문했습니다. 힘이 떨어지면서 관용의 경향이 뚜렷해져 갔습니다. 젊은 시절이 확실히 끝났습니다. '타인'이 이해되고 현실적 존재가 되었습니다. '인간이라는 유일한 존재의 속성'과 결별했습니다. 현명함이 나를 유혹했습니다. 나는 끝나버린 인간이었을까요? 그러나 '진정한' 민주주의자가 되려면 그래야 합니다. 다행히도 내가 정

확하게 그 경우는 아니었습니다. 젊은 시절 광신도였던 흔적
이 남아 있다는 것을 알게 되었습니다. 나는 어떤 새 원칙과
도 타협하지 않았습니다. 나는 '까다로운' 자유주의자였습니
다. 아직도 그렇습니다. 때로 완벽하고 전형적인 온건주의자
가 되었으면 합니다. 동시에 그렇게 되지 못하는 것이 기쁩
니다. 모순이지만 다행입니다. 부조리가 나를 구원합니다. 늙
어서 노망날까 두렵습니다. 언젠가 두려움이 사라지고 가끔
꿈꾸는 중용이라는 이상에 가까이 가는 순간이 올 것입니다.
세월이 흘러 당신도 나처럼 망가진다면, 이 세기말쯤 다시
등장할 의회에 우리가 나란히 앉게 될지도 모릅니다. 치매에
걸린 두 사람이 끝없이 낙원이 펼쳐지는 것을 보게 되겠지
요. 우리가 관대해지는 것은 기운을 잃는 때입니다. 편안히
고분고분히 어린 시절로 돌아가는 때입니다. 사랑이나 증오
로 다른 사람을 괴롭히기에는 너무 지쳐버린 때입니다.

　아시겠지만 모든 사물에 대한 내 시각은 '너그러운' 편입
니다. 내 입장이 어떤 것인지 모를 정도입니다. 판단에 맡기
겠습니다. 서쪽 이웃 나라 헝가리에 대한 편견이 아직 남아

있는지, 여전히 같은 원한을 품고 있는지 내게 물으셨지요? 어떻게 대답해야 할지 모르겠습니다. 놀라거나 실망하게 할 정도일 것입니다. 헝가리에 대한 당신의 경험과 나의 경험은 다릅니다.

카르파티아산맥(우크라이나·루마니아·폴란드·체코·슬로바키아· 헝가리에 걸친 산맥 ─ 옮긴이) 저편에서 태어난 당신은 트란실바 니아(루마니아 중서부의 유서 깊은 지역 ─ 옮긴이)에 살았던 어린 시절 나를 공포에 질리게 했던 헝가리 헌병을 모르셨을 것입니다. 나는 멀리서 헌병을 보면 무서워서 도망쳤습니다. 낯선 사람, 적이었습니다. '그'가 너무 싫었습니다. 그 헌병 때문에 순종 마자르인의 열정을 가져다가 모든 헝가리 사람을 증오했습니다. 다시 말해서 나는 그들에게 관심이 있었습니다. 그 후 상황이 변해서 그들을 증오할 이유가 없어졌습니다. 그렇지만 오랫동안 압제자라고 하면 헝가리 사람들의 약점과 강점을 떠올리지 않을 수 없었습니다. 저항하는 것은 누구입니까? 노예가 아닙니다. 지배자에서 노예로 떨어진 사람입니다. 헝가리 사람들은 강압 통치를 잘 알고 있습니다.

탁월한 능력으로 행사한 경험이 있습니다. 옛 왕정 시대 사람들이 증언할 것입니다. 과거 지배자 역할을 잘했던 헝가리 사람들은 현재 유럽 어떤 나라보다 속박을 견디지 못합니다. 명령의 취미가 있으니 당연히 자유의 취미를 갖고 있겠지요. 가해자 전통으로 무장하고 예속과 억압의 구조를 잘 알고 있는 그들은 자기들이 다른 민족들에게 했던 통치와 별로 다르지 않은 체제에 저항합니다. 지배자가 될 기회가 없었던 우리는 저항할 기회도 없습니다. 두 가지 행운이 없었으므로 얌전하게 사슬을 차고 있습니다. 우리가 가진 예절의 미덕과 복종의 품위를 부정하면 나쁘겠지요. 다만 겸손이 지나쳐 걱정스럽게 극단까지 비약한다는 것을 인정해야 합니다. 한계를 모르고 너무 지나쳐서 때로 용기가 꺾입니다. 사실 나는 헝가리 사람들의 거만함을 질투합니다. 그들의 언어까지 질투합니다. 다른 세상의 울림이 들리는 비정한 아름다움이 있는 언어입니다. 힘차고 날카롭습니다. 기도와 눈물에 어울립니다. 지옥에서 솟아나와 그 소리와 기분의 여운을 이어가는 언어입니다. 내가 아는 것은 욕설뿐이지만 마음에 듭니다.

나를 매료시키고 동시에 얼어붙게 합니다. 매력과 공포에 질리게 합니다. 꿀과 독약이 함께 있습니다. 극한 고통에 잘 어울릴 것 같은 이 언어는 숨을 거둘 때나 죽기를 포기할 때 잘 맞을 것 같습니다.

확실히 옛 지배자들에 대한 증오심이 줄어들었습니다. 곰곰이 생각하면 헝가리인들은 유럽 한복판에서 혼자였습니다. 다른 나라들과 깊은 유대감 없이 자만심과 후회 속에 고립되어 있었습니다. 서유럽까지 원정해서 원시적 야만성을 과시하며 정복자가 되었던 적이 있었습니다. 그러나 다뉴브 강가로 물러나 정착민으로 떨어졌습니다. 본능을 노래하며 비통해하는 데 자신들을 소진했습니다. 다른 어느 곳에서도 찾을 수 없는, 문명화된 옛 훈족이 가지고 있었던 잔인성을 억제하는 데서 오는 슬픔이 있습니다. 피가 피를 꿈꾼다고나 할 것입니다. 문명을 접하고 영향을 받았지만, 그들은 본능에 충실합니다. 빼어난 유목민의 후예라는 의식이 그들을 비극적이라기보다는 낭만적으로 보이게 합니다. 깊은 내면에 연극적인 자만심이 남아 있어서 현재 시대가 그들에게 준 사명을 실행합니다. 거창한 운명적 색채를 국수주의에 덧칠해 넣어서 복원하는 사명입니다. 실망한 사람들에게는 신선하게 보일 것입니다. 중세기 농노의 자손이라는 최악의 굴욕을 내게 알게 해준 그들의 능력을 인정합니다. 도덕가들이 말하듯 사람이 가장 참기 어려운 '수치심의 고통'이었습니다. 나를 짓밟고 모욕하고 학대한 자들을 객관적으로 분석하면서 쾌감을 느껴본 적이 있으신가요? 특히 단점과 약점을 암암리에 공유하고 있을 때 말입니다. 그렇다고 내 지위를 마자르족으로 높이고 싶어 한다고 속단하지 마십시오. 그렇지 않습니다. 나의 한계를 알고 있고, 벗어나고 싶지 않습니다. 마자르족의 한계도 알고 있습니다. 감정이 조금이라도 식으면 괴로움을 당하면서 느꼈던 내 자존심이 녹아버립니다.

개인보다 집단에 대한 감정이 훨씬 더 모순적입니다. 사랑하면서 동시에 증오합니다. 집단은 애착과 혐오의 대상입니다. 명료한 감정을 가질 수 없습니다. 서유럽에서 멀리 떨어져 있는 당신은 선입견을 품고 있습니다. 단점을 확실하게 보지 못합니다. 접근 불가 대상에 대한 동경이고 착시입니다. 부르주아 사회의 문제점도 구별하지 못합니다. 막연한 호의가 아닐까 싶습니다. 멀리서 허황하게 생각하는 것은 자연스럽습니다. 서유럽 사회를 가까이 경험한 나의 의무는 당신이 가질 수 있는 환상을 바로잡는 것입니다. 이 사회가 전혀 마음에 들지 않는 것은 아닙니다. 그리고 아시다시피 저는 이상한 것을 좋아합니다. 그런데 서유럽 사회를 받아들이려면 무감각해져야 합니다. 내가 가진 조롱하는 능력을 훨씬 넘어서는 정도입니다. 불공평한 사회라는 말로는 약합니다. 불공평 자체입니다. 무위도식자들, 기생충들, 비열한 자들, 추잡한 자들만이 사회가 자랑스럽게 과시하는 부를 누립니다. 번쩍이는 외피 밑에는 황폐한 세계가 감춰져 있습니다. 자세한 묘사는 생략합니다. 기적이 아니라면 서유럽 사회가 우리 눈앞에서 즉시 부서져 가루가 되거나 폭발하거나 하지 않는 것을 설명할 수 없습니다.

"우리 사회라고 더 낫지 않습니다. 오히려 반대지요." 이의를 제기하실 것입니다. 인정합니다. 사실 그것이 문제입니다. 우리 앞에 똑같이 받아들일 수 없는 두 가지 유형의 사회가 있습니다. 문제는 동유럽 사회의 잘못 때문에 서유럽 사회가 자신들의 잘못을 고집할 수 있다는 것입니다. 서유럽 사람들은 동유럽 사회가 파렴치하다고 하면서 파렴치하게 맞설 수 있습니다. 그들은 당신들의 정치 때문에 제도와 집단을 새롭게 하는 원칙인 유토피아가 파괴되었다고 비난합니다. 서유럽 부르주아들은 '현상 유지'에 적을 누를 수 있는 유리한 점이 있다는 것을 알아차렸습니다. 임박한 파멸로부터 그들을 보호하고 구원했던 '기적'은 바로 다른 편의 실패였습니다. 위대한 사상이 무너진 광경을 바라보는 실망감은 정신을 사로잡고 마비시켰습니다. 정말로 예상하지 못하게 벌어진 일이 부르주아에게는 하늘이 내린 선물이었습니다. 지금의 재난과 앞으로 올 재난 중에서 선택하라고 하면 대중은 움직이지 않습니다. 당하고 있는 재난으로 체념합니다. 올 것이 확실해도 어떤 것일지 알 수 없는 재난을 선택하는 위험부담을 떠안으려 하지 않습니다. 앞으로 올 재난은 상상력을 자극하지 않습니다. 비관적 미래나 침울한 현재를 내세우며 혁명을 한 예는 역사상 없습니다. 새로운 사회가 오래

된 사회를 유지하고 확고하게 다져줄 것이라고 지난 세기 누가 예측했겠습니까? 가능성이 현실이 되어 예전 사회를 도와주리라고 누가 알았겠습니까?

동유럽이나 서유럽이나 미래에 대한 천진난만한 망상에서 깨어나 정체되어 있습니다. 장기적으로 유토피아가 없는 삶이란 대부분 사람을 숨 막히게 할 것입니다. 굳어버리지 않으려면 사람들에게 새로운 광기가 필요합니다. 현시대를 분석하면서 드러나는 한 가지 자명한 사실입니다. 이곳 서유럽 사회의 상황은 이상합니다. 불신이 팽배한 사회를 상상해 보십시오. 정신 나간 사람을 빼면 어떤 일에도 백 퍼센트 동의하지 않습니다. 열렬한 신앙도 분명한 신뢰도 없이 모두가 자유를 달라고 합니다. 그러나 아무도 자유를 보호하고 상징하는 제도를 존중하지 않습니다. 내용 없는 이상입니다. 똑같이 썩어버린 단어를 다시 사용하자면 실체 없는 신화입니다. 그곳 동유럽 사람들이 약속이 지켜지지 않았다는 것에 실망했다면, 이곳 서유럽 사람들은 약속이 아예 없어서 실망하고 있습니다. 서유럽에는 적어도 한 가지 장점이 있다는 것을 인정합니다. 절대 명제를 강요하지 않고 지적 활동을 마음껏 하게 내버려 둔다는 것입니다. 부르주아는 아무도 믿지 않습니다. 사실입니다. 그 공백에는 장점이 있습니다. 법도 가설 이상의 권위를 발휘하지 못하고 신앙도 없는 빈자리에서 자유가 가능하다는 것입니다. 그래도 부르주아는 믿는 것이 있다고, 돈이 곧 교리라고 반박하신다면 대답하겠습니다. 이상하게 들리겠지만 그 무시무시한 교리는 정신적으로 가장 참을 만하다는 것입니다. 우리 방식대로 굶어 죽게 완전한 자유를 준다면 그 대가로 부자들을 용서합니다. 그렇습니다. 우리를 돌보지 않고 우리를 버리는 사회가 그렇게 우울한 사회는 아닙니다. 이 사회는 우리에게 사회를 공격할 권리를 보장합니다. 힘이 떨어지고 게을러지면 공격을 유도하고, 억지로 공격하라고 강요하기까지 합니다. 동유럽의 운명에 대해서만큼 서유럽 자체의 운명에도 관심이 없는 사회입니다. 우리의 불행을 덜어주려고도 무겁게 만들려고도 하지 않습니다. 사회가 우리를 착취한다면 사전 계획이나 악의 없이 무의식적으로 하는 것입니다. 포식으로 노곤한 사자가 잡아먹힐 동물만큼 의심에 잡혀 있는 것 같습니다. 정치체제 사이의 차이는 생각보다 중요하지 않습니다. 동유럽 사람들은 억지로 혼자 되었지만, 서유럽 사람들은 강요받지 않고 혼자입니다. 황폐한 천국과 황폐한 지옥이 달라야 얼마나 다르겠습니까? 모든 사회는 사악합니다. 정도 차가 있다는 것을 인정합니다. 그 정도 차이를 알기 때문에 서유럽 사회를 선택했습니다.

이미 말했듯 자유가 행사되려면 빈자리가 필요합니다. 그러나 자유는 빈자리를 요구하면서 빈자리에 압도됩니다. 자유를 가능하게 하는 조건은 자유를 소멸하게 하는 조건과 같습니다. 자유는 지탱시켜주는 받침대가 없습니다. 자유는 완전하면 할수록 헛된 것입니다. 출발 원칙까지 모든 것이 자유를 위협합니다. 인간은 자유를 견디게 생기지 않았습니다. 받을 자격을 갖추고 있지 않습니다. 인간은 자유라는 특권에 압도됩니다. 너무 무거운 짐이어서 그 부담보다는 독재정치의 부담을 더 좋아합니다. 자유는 불편합니다. 자유주의 사회는 "신비", "절대", "질서"를 없애버립니다. 진짜 형이상

학도 진짜 경찰도 없습니다. 개인은 자신의 본질과 내부 세계로부터 떨어져 나와 제멋대로 삽니다. 사회가 그렇게 둡니다. 자유주의 사회는 토대가 없이 본질적으로 피상적인 사회입니다. 자유는 안과 밖에서 오는 위험을 피하며 지속되기에는 너무 허약합니다. 체제가 무너지는 틈을 타서 사회계급이 쇠퇴하고 와해되는 순간에만 나타납니다. 18세기에는 귀족계급이 무너지면서 화려한 말 잔치를 하게 해주었습니다. 지금은 부르주아가 무너지면서 아무렇게나 생각하고 행동하게 합니다. 자유는 사회가 병들었을 때만 성장합니다. 관용이란 무기력과 같은 말입니다. 모든 분야에서 그렇지만 정치에서도 확실합니다. 그 사실을 깨달았을 때 발아래 땅이 흔들렸습니다. "너는 자유로운 인간들로 구성된 사회에 살고 있다." 그렇게 외쳐봐야 아무 소용이 없습니다. 내가 느끼는 자부심에는 항상 무서운 진실을 아는 데서 오는 놀라움과 허무함이 따릅니다. 역사 속에서 자유의 시간은 신비주의자의 인생 속에 오는 황홀경보다 더 길지 않습니다. 자유는 우리가 움켜쥐고 묘사하려고 하는 순간 사라집니다. 누구든 자유를 누리는 자는 전전긍긍합니다. 자유의 순간성은 절망적입니다. 나타나자마자 미래가 없다는 것을 알립니다. 그리고 남은 힘을 모아 자체를 부정하고 종말을 준비합니다. 자유에 대한 우리의 사랑에는 어떤 변태적 측면이 있는 게 아닐까요? 지속될 성질도 힘도 없는 것을 숭배하다니 기막히지 않습니까? 자유를 **빼앗긴** 당신에게 자유는 모든 것이겠지만 자유를 가진 이곳 사람들에게는 환상일 뿐입니다. 자유가 사라지리라는 것 그리고 사라지기 위해 생겨났다는 것을 알기 때문입니다. 빈자리 한가운데서 사방을 바라봅니다. 우리 안에 있는 구원의 가능성을 놓치지 않으려고 합니다. 역사 속에 완전한 빈자리는 없습니다. 우리가 빈자리에 있다는 것을 알려주는 것은 기쁨이며 불행입니다. 빈자리에 아무것도 없다고 생각하시면 안 됩니다. 예감일 수도 환상일 수도 있는─다른 신들에 대한 기다림이 보입니다. 어떤 신들일까요? 아무도 대답하지 못할 것입니다. 내가 알고, 우리 모두 알고 있는 것은 상황이 한없이 가지 않으리라는 것입니다. 우리는 내밀한 의식 속에서 희망으로 괴롭습니다. 불안으로 흥분됩니다. 전통이 긴

나라는 아무리 부패했더라도 망하겠다고 작정하지 않은 이상 새로운 우상을 만들지 않을 수 없습니다. 서유럽이 구제할 수 없게 무너지지 않았다면, 다른 대륙 사람들이 훔쳐다 위조해서 사용한 사상을 모두 가져다가 다시 보아야 합니다. 다시 말해서 남은 명예심으로 분발해서 위세를 보이고 싶다면, 천재성과 임무를 저버리고 편안해지고 싶어 다른 대륙에 넘긴 유토피아를 다시 보아야 합니다. 서유럽의 의무는 공산주의를 실천하고, 전통에 맞게 조정하고, 인간화하고, 자유주의를 가미한 후 본보기를 보이는 것이었습니다. 그러나 실현 불가능한 것을 실현하고, 현대의 가장 아름다운 환상에서 위력을 끌어낼 수 있는 특권을 동양에 넘겨버렸습니다. 이념 전쟁에서 소심하고 소극적이었습니다. 잘했다는 사람들이 있었습니다. 아닙니다. 질책해야 했습니다. 우리 시대 호전적 민족들이 본능과 목표를 감추는 데 쓰는 기만적 술책을 빌리지 않고는 주도권을 쥘 수 없습니다. 현실을 떠나 관념을 선택하고, 관념을 떠나 이념을 선택하면서 표류하는 세계, 아류의 세계, 허황한 이야기가 기본 조건인 세계를 향하게 되었습니다. 이것은 서유럽의 모든 혁명과 이단 운동의 결과입니다. 그러나 서유럽은 마지막 결과를 받아들이지 않고 있습니다. 역사가 요구하고 마땅히 해야 하는 혁명을 하지 않았고, 앞장섰던 개혁도 마무리하지 않았습니다. 물려받은 유산을 포기하고 적들에게 넘겨 결말을 망치고, 최상의 기회를 놓칠 처지에 있습니다. 루터에서 마르크스까지 선구자들과 종교 개혁가들이 준비하고 만들어온 것을 배반하는 데 그치지 않고 아직도 누군가 외부에서 그들의 혁명을 하러 온다고, 유토피아와 꿈을 다시 가져온다고 생각하고 있습니다. 예전의 꿈들과 예전의 유토피아 그리고 오랜 자존심과 같은 허위의식을 자신들 속에서 다시 찾아내지 않으면 그들에게는 정치적 운명이나 역할이 없다는 것을 이해할 수 있을까요? 서유럽의 적들은 서유럽이 회피했던 의무의 이론가가 되었습니다. 그들의 소심한 무기력 증세를 누르고 제국을 건설하고 있습니다. 비약적 발전의 끝에서 초점 잃은 시선에 힘없는 미소를 짓는 비즈니스맨이나 식료품상밖에 배출하지 못하는 서유럽은 무슨 저주를 받은 것입니까? 프랑스, 이탈리아, 영국, 독일, 어디서나 그들을 만납니다. 그렇게 정교하고 복합적인 서유럽 문명의 귀착점이 그런 벌레 같은 자들입니까? 새로운 인간 종을 상상하려면 그러한 모욕을 통과해야 하는지 모르겠습니다. 진정한 자유주의자로서 분노를 터트리고 기분에 휩쓸리고 싶지 않습니다. 우리에게만 너그러워지라고 하는 원칙을 깨버릴 수 있다는 것도 나쁘지 않습니다. 그리고 전혀 경이롭지 않은 서유럽 사회가 경이롭게 될 수도 있다는 것도 말씀드리고 싶습니다. 만일 자기를 망가트리지 않고 (망가트릴 가능성이 농후하지만) 쓰레기를 치운다면, 사회를 일그러트리고 갈팡질팡하게 하는 그 한심한 양식에 맞서 불가능한 임무를 수행한다면 말입니다.

서유럽에 대해서 내가 느끼는 감정은 조국 루마니아나 이웃 헝가리, 그리고 거대한 이웃 러시아에 대해 느끼는 감정만큼 복잡다단합니다. 러시아가 무례할 정도로 가깝다는 것은 나보다 당신이 더 잘 아십니다. 러시아에 대한 나의 호와 불호는 과장되어 있습니다. 러시아의 운명을 깊이 생각할 때 받는 인상을 어떻게 표현할까요? 사실 같지 않습니다. 당신의 생각을 바꾸겠다는 것은 아닙니다. 단지 러시아가 내게 어떤 나라이며 어떻게 강박적으로 나를 따라다니는지 알아주셨으면 합니다. 러시아는 수세기에 걸쳐 하나의 국가가 아니라 하나의 세계로 형성되었습니다. 러시아가 변화하는 순간은 역사가 아니라 캄캄하고 무시무시한 우주에 속해 있는 것입니다. 타락했지만 신의 지위를 누리는 러시아 황제는 신과 악마의 사주를 받는 거인입니다. 두려움에 떨며 기도에 파묻혀 있는 그들은 나약한 인간이라기보다는 대지의 생명력에 가깝습니다. 뒤이어 대신 나타난 독재자들도 마찬가지입니다. 원시적인 수액을 길어 올리고 계속 썩어가면서 마르지 않는 혼돈의 에너지로 우리를 덮칩니다. 왕관을 썼든 쓰지 않았든 그들에게 중요했고, 중요한 것은 문명을 뛰어넘고 필요한 경우 삼켜버리는 것입니다. 그들의 천성에 그 계획이 새겨져 있었습니다. 그들은 항상 같은 강박관념에 시달립니다. 우리의 이상과 저항 위로 힘을 뻗어 제압하고, 우리의 실망과 공포가 커가는 데 따라 제국을 확장하려는 욕망입니다. 전 지구 차원에서 경계를 짓고 행동하는 나라에 일반 척도를 적용할 수 없습니다. 보통의 단어나 이해할 수 있는 말로 설명하지 못합니다. '진행성 마비'라는 단어가 들어간 특수한 영성주의 언어가 필요합니다. 릴케가 말하듯 러시아는 신의 세계와 붙어 있습니다. 유감스럽게도 우리나라와도 붙어 있고, 가까운 장래에 다른 국가들과 붙어 있게 될 것입니다. 모든 국가가 그렇게 되리라고 감히 말할 수 없겠지만 앞서가는 예감이 겁박하며 경고합니다. 우리가 어디 있든, 러시아는 지리적이 아니라면 정신 속에서라도 분명히 우리 가까이 있습니다. 나는 누구보다 러시아에 빚지고 있다는 것을 인정할 준비가 되어 있습니다. 러시아 작가들이 없었더라면 내가 가지고 있는 상처나 해야 할 의무를 의식했겠습니까? 러시아가 없었고 러시아 작가들이 없었다면 영적 에너지를 낭비하고 정신적 시련을 활용하지 못했을 것입니다. 나는 러시아에 대한 객관적 판단을 이야기하고 감사 표시를 하고 싶습니다. 당신도 같은 마음이 있는지 모르겠습니다. 철 지난 찬사는 접겠습니다. 내 안에서만 펼쳐지게 두려고 합니다.

우리의 생각이 어떤 점에서 같고 다른지 비교하던 시절

이 있었습니다. 그때 좋아하는 것과 싫어하는 것을 확실하게 구분하지 않는 내 버릇을 지적하곤 하셨습니다. 내가 느끼는 감정은 이중적이어서 사실일 수 없다고 하시며, 그 원인은 내가 진정한 열정을 느끼지 못하기 때문이며 그런 상태를 즐기기 때문이라고 하셨습니다. 당신의 진단이 틀린 것은 아니지만 즐긴다는 것은 오해였습니다. 찬성과 반대를 동시에 열렬히 지지한다는 것이 그렇게 기분 좋은 일이라고 생각하십니까? 흥분한 사람이 흥분한 상태에서 떨어져 나온 것이고, 정신착란자가 객관적이겠다고 하는 것입니다. 고통스럽습니다. 본능이 저항합니다. 신비주의자들이 "소멸의 마지막 지점"이라고 부르는, 절대 무의 개념을 향해 간다는 것은 본능을 무시하고 억압하는 것이겠지요. 어떤 일에 대해서든 내가 무슨 생각을 하고 있는지 알려고 하면, 그리고 의견을 말하고 싶으면 심각한 내 결점을 고쳐야 합니다. 모든 입장에 동의하면서 동시에 거리를 두는 경향을 버려야 합니다. 내 습관은 마치 어디에나 퍼져 탐욕과 포만 사이를 오가는 바이러스 같습니다. 지쳐 있으면서 조급하고, 재난들 사이에서 분별력도 없이 옮겨 다니며 어느 하나를 선택해 전문적이 되지 못하고 우유부단하게 남아 있는, 대수롭지 않지만 해로운 바이러스입니다. 선을 밟은 벽돌공이고, 구제할 수 없는 날림일꾼이며, 자신의 것이나 남의 것이나 모든 문제를 배신하는 인간입니다.

입장을 정하고 결심하고 정의를 내리는 기회가 절대로 없기를 소원합니다. 입장을 만들고 이론의 밑그림을 그리는 것은 우리의 감정인데, 감정이란 항상 통제되는 것이 아닙니다. 체계를 만들기 좋아하도록 태어난 우리는 쉬지 않고 만들어냅니다. 문제점이 가짜인 정치 분야에서 특히 그렇습니다. 우리 각자 안에 있는 변변찮은 철학자가 들떠서 일어납니다. 나로서는 멀어지고 싶은 분야입니다. 별것 아닌 이유 때문입니다. 정치는 인간 주위에서만 맴돈다는 것입니다. 당연한 사실이지만 내게는 발견이었습니다. 인간에 관심을 잃은 나는 사물에 관심을 가지고 싶었습니다. 헛수고였습니다. 사물과는 어쩔 수 없는 거리가 있어서 그림자만 바라보며 애쓰다 지칩니다. 내가 관심을 기울이고 있는 민족들도 그림자들입니다. 민족들의 운명 자체보다도 윤곽도 형체도 없는 것에 대해서, 실체나 상징들에 대해서 분풀이를 할 수 있기 때문입니다. 할 일 없이 폭력만 사랑하는 인간은 추상성이라는 지옥에 머물러 있는 한 살아갈 수 있습니다. 개별성을 버리고, 이름과 얼굴에서 탈출해서 막연한 일반성에 몰입하는 것입니다. 파멸하고자 하는 욕망은 보이지도 만져지지도 않는 무언가를 향하게 하고 새로운 범주를 구상합니다. 목적이 없는 선전물입니다.

불완전한 생각들이나 꿈도 아닌 꿈에 매달려 있고, 선명해질 목적이 아니라 우연히 병에 걸린 것처럼 사유하는 나는 문명인들 틈에 있는 침입자입니다. 세계를 바라보면서 공황 상태를 느끼는 것이 아니라, 몸이 움츠러들고 피가 끓어서 공포감을 느끼며 세상이 뒤집히기를 기도하는 동굴 인간 같습니다. 나는 이성의 요청에도 프랑스 라틴족의 영향에도 무감각합니다. 나의 핏줄에는 아시아가 꿈틀거립니다. 수치스러운 족속의 후예가 아닐까요? 예전에 시끄러웠지만, 이제는 침묵하고 있는 인종의 숨은 목소리는 아닐까요? 조상을 바꾸어 다른 족보를 만들고 싶은 유혹을 자주 느낍니다. 진흙에서 뒹굴면서 가난에 찌들고 저주 속에 신음하며 잊히고 상처받은 우리의 조국과는 정반대로, 한때 여러 민족 사이를 누비며 비탄에 잠기게 했던 민족 중에서 선택하고 싶습니다. 그렇습니다. 자존심이 상할 때마다 유명한 우랄알타이어족 약탈자 집단의 자손이며 스텝 초원의 정당한 후계자이고 마지막 몽골인이라고 믿으려는 경향이 내게 있습니다.

나의 '행운'을 바라보는 당신의 부러움이나 질투심에 대해 다시 한번 이야기하지 않고는 편지를 끝낼 수 없습니다. 조국에 뿌리를 내리고 있는 당신 역시도 동경하며 추억하는 도시 파리에 안주할 수 있었던 '행운' 말입니다. 이 도시를 세상 그 무엇과도 바꾸지 않을 것입니다. 바로 그 점 때문에 파리는 내 불행의 근원입니다. 내 눈에는 가치 없는 모든 것이 다른 도시들에서처럼 전쟁에서 살아남았고 파괴되지 않았다는 것이 애석합니다. 그랬으면 나는 파리에서 사는 행운을 갖지 못했을 것이고 다른 대륙 한구석에서 인생을 보낼 수 있었을 것입니다. 나를 특정한 공간에 묶어놓고 붙박이가 되게 한 도시 파리를 결코 용서하지 못합니다. 샹포르가 말했듯 파리 시민 중 열에 여덟은 "슬픔으로 죽는다"는 사실을 한순간도 잊지 않고 있습니다. 하나 더 알려드리지요. 나는 나머지 두 명의 예외자에 속합니다. 별로 동요하지는 않지만, 여덟 명이 적어도 무엇 *때문에* 죽는지 알고 있다는 것을 부러워하고 있지요.

— 1957년 파리에서

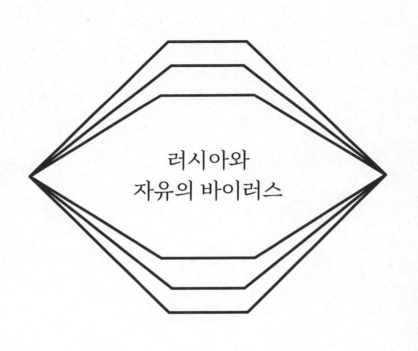

러시아와
자유의 바이러스

세계 모든 나라가 스위스를 본받아 자족하고 위생 규칙을 잘 지키고 법을 숭배하고 인간을 찬양하면서 무미건조하게 맥없이 살아야 할 것이다. 가끔 그런 생각이 들 때가 있다. 그런데 관심이 가는 것은 행동이나 생각에서 회의하지 않고 들뜨고 욕구불만에 차 있는 사람들이 사는 나라들이다. 도약과 성공을 방해하는 가치들은 짓밟고 다른 사람들을 뜯어먹고 자신들까지 뜯어먹을 준비가 되어 있는 나라들이다. 현명한 말에는 귀를 막고 있는 나라들인데, 사실 현명함이란 자신부터 시작해 아무것도 제대로 건사하지 못하고 곰팡내 나는 마술이나 부리고 있는 늙은 민족들의 흉터일 뿐이다.

　　폭군들은 혐오감을 느끼게 하지만, 알다시피 역사의 그

물을 짜나가는 것은 그들이다. 별수 없다. 그들이 없다면 제국의 개념도 나타날 수 없고 제국을 경영할 수도 없을 것이다. 뻔뻔스럽기 짝이 없는 그들의 감각은 동물적이다. 궁지에 몰린 동물을 연상시킨다. 최고로 수치스럽고 능력이 넘치는 인간들이다. 러시아의 황제 이반 4세(1530~1584. 러시아 최초의 차르 — 옮긴이)는 주목할 만한 폭군의 한 예다. 인간 심리의 구석구석 모두 보여준다. 미친 짓에서나 통치 행위에서나 복잡다단했던 그는 재위 기간을 그리고 러시아를 일정 수준까지 악몽의 모델로 만들었다. 끝없고 생생한 환각의 전형이다. 몽골제국과 비잔틴제국의 피가 섞여 몽골 황제 칸과 비잔틴 황제로부터 장단점을 모두 물려받은 그는 피의 맛과 후회 사이를 오가며 악마처럼 분노하고 비열하게 슬퍼하는 괴물이다. 그의 유쾌한 기분은 조롱으로 넘치고 조롱으로 최고조에 이른다. 그에게는 범죄적 성향이 있다. 인간이라면 누구나 범죄적 성향이 있다. 다른 사람을 해치거나 우리 자신을 해치려는 충동이다. 충족될 수 없는 욕망이다. 어떤 것이든 우리의 행위는 남을 죽일 수 없고, 자신도 죽을 수 없는 데서 이루어진다. 그러나 우리는 그 말에 동의하지 않는다. 결함의 메커니즘을 알려고 하지 않는다. 러시아 황제나 로마 황제가 우리 머리 안에서 맴도는 이유는 우리에게 숨겨져 있는 결함이 그들에게는 뚜렷이 드러나 있기 때문이다. 그들은 우리 자신을 밝혀준다. 우리 비밀을 구체적으로 보여준다. 측근에 집착하며 그들이 자신을 사랑할까 두려워 처형장에 보냈던 몇 명의 황제의 퇴행은 심각했다. 아무리 권력이 강했어도 그들은 불행했다. 다른 사람의 공포심으로 채워지는 포만감은 없다. 가장 이상적인 것은 주변을 깨끗이 하고 빈 자리를 만드는 것이라고 말하는 우리 안의 악령이 그들에게 투사되어 있다. 그 사고방식과 천성이 제국을 만든다. 우리 의식의 밑바닥에 숨어 있는 사악함이 돕고 있다.

바닥을 알 수 없는 깊은 곳으로부터 원시적 힘이 솟구친다. 세상을 지배하고 싶어 하는 욕망이다. 특정한 시대 특정한 인물에게서만 나타난다. 국가의 성격과는 직접적인 관계가 없다. 나폴레옹과 프랑스 공화정의 정치인들보다 나폴레옹과 칭기즈칸 사이가 더 가깝다. 지배의 욕망은 일단 솟아 오른 뒤에는 깊이가 줄어들고 힘도 소모되어 고갈된다.

샤를마뉴(742~814. 서유럽의 토대를 만든 프랑크 왕국의 왕이자 서로마제국 황제 — 옮긴이), 호엔슈타우펜의 프리드리히 2세 (1194~1250. 호엔슈타우펜 왕조의 마지막 신성로마제국 황제 — 옮긴이), 카를 5세(1500~1558. 신성로마제국 황제이자 스페인 왕으로 그의 지배령은 프랑스를 제외한 서유럽 여러 지역과 아메리카 대륙에까지 포함됐다 — 옮긴이), 보나파르트(1769~1821. 프랑스제국 황제 — 옮긴이), 히틀러(1889~1945. 나치 독일의 국가원수 — 옮긴이)는 각기 자기 방식대로 세계 제국의 이념을 실현하고 싶어 했다. 그리고 모두 다소간의 치적을 남기고 실패했다. 행과 불행이 서로 달랐다. 세계 제국의 이념에 대해 서유럽은 비웃음과 불편한 기분으로 반응한다. 과거에 자신들이 했던 정복을 부끄러워한다. 그러나 신기하게도 후퇴하는 바로 그 시간에 그들의 사상이 승리하며 확산했다. 잃으면서 얻는 것이다. 고대 그리스도 그렇게 한 세력으로, 한 민족으로 사라지면서 정신 분야를 장악했다. 그들의 철학과 예술은 약탈당하면서 운명을 보장받았다. 그러나 본바탕의 재능은 전달되지 않았다. 그와 같다. 사람들은 서유럽에서 모든 것을 가져가고 있고 모든 것을 가져갈 것이다. 그 뛰어난 본바탕만은 제외하고. 어떤 문명의 위대함은 다른 사람들이 모방하게 만드는 능력으로 증명된다. 빛을 발하지 못하는 문명은 작은 조각들로 분해되어 남겨질 것이다.

서유럽을 포기한 제국주의는 러시아에서 하늘이 내린 토양을 만나게 된다. 러시아는 제국의 이념이 이미 존재하는 곳이었다. 특이하게도 종교적 차원이지만. 동로마 비잔틴제국이 멸망하고 모스크바는 '진정한' 기독교, 진실한 신앙으로서 동방정교를 계승하는 제3의 로마가 되었다. 이것이 첫 번째 메시아적 각성이다. 두 번째 각성은 우리 시대에 이루어졌다. 서유럽이 물러난 덕분이었다. 15세기 첫 번째 각성이 종교적 공백 속에서 이루어졌다면 지금은 정치적 공백 때문에 기회가 생긴 것이다. 역사적 책임감을 일깨우는 두 번의 중요한 기회였다.

이슬람 군주 마호메트 2세(1432~1481. 오스만제국의 술탄 —

옮긴이)가 비잔틴제국의 수도 콘스탄티노플을 포위했을 때 기독교 세계는 항상 그렇듯 분열되어 있었다. 로마가톨릭은 도와주지 않았다. 십자군 원정(11~13세기 유럽의 기독교도가 성지 회복을 명목으로 일으킨 원정 전쟁 — 옮긴이)의 기억을 잊고 싶었다. 포위된 동로마 기독교도들은 처음에는 화를 냈지만, 재난이 너무 확실해지자 어리둥절해했다. 공황 상태와 은밀한 만족감 사이를 오가던 로마 교황은 파병을 약속했다. 그러나 너무 늦게 군대를 파견했다. 같은 기독교도지만 '동방정교 분리주의자'를 위해 서두를 필요가 있었겠는가? 후일 동방정교는 다른 곳에서 세력을 얻고 퍼지게 되었다. 로마가톨릭은 콘스탄티노플보다 모스크바를 더 좋아했을까? 사람은 가까운 데 있는 적보다 먼 데 있는 적을 더 좋아한다. 영국인들이 독일보다 러시아가 유럽의 주도권을 잡기 바라는 것도 같은 이치다. 독일은 '너무 가까이' 있다.

러시아가 모호한 우세에서 선명한 주도로 옮겨가려는 데는 근거가 없지 않다. 만일 러시아가 몽골의 침입을 중단시키고 소멸시키지 않았더라면 서유럽은 어떻게 되었을까? 러시아는 두 세기 넘게 굴욕과 예속의 시간을 살면서 역사에서 소외되었다. 그러는 동안 서쪽 유럽인들은 서로 물고 찢고 싸우는 여유를 누렸다. 만일 러시아가 아무런 장애 없이 발전했더라면 근대 초기 이미 초강대국이 되었을 것이다. 16, 17세기에 이미 현재 러시아와 같은 지위에 있었을 것이다. 그리고 서유럽은 '동방정교' 신도가 되고 로마에는 교황청 대신 동방정교 성무원이 자리 잡았을 것이다. 그러나 러시아는 따라잡을 수 있다. 모든 면에서 전조가 보이지만 계획을 잘 실행한다면 교황에게 복수를 할 수도 있다. 마르크스주의의 명분이든 동방정교의 명분이든 러시아는 가톨릭교회의 권위와 명성을 무너트릴 운명을 타고났다. 러시아인들이 가톨릭의 목표를 용납하려면 자신들의 사명과 계획을 상당 부분 포기해야 하기 때문이다. 황제 치하의 러시아인들은 가톨릭이 그리스도를 반대하는 도구라고 규정하고 '저주'의 기도를 했다. 지금은 가톨릭을 반동의 앞잡이 사탄으로 생각하고 옛날의 저주보다 더 강도 높은 욕설을 퍼붓고 있다. 곧 모든 무게와 힘으로 가톨릭을 침몰시킬 것이다. 금세기 깜짝 사건의 하나로 베드로 성자의 마지막 후계자 교황이 사라지는 것도 불가능하지 않을 것이다.

마르크스주의가 역사를 신격화하고 신을 격하시키면서 성공한 것 하나는 신을 더 괴상하고 강박적 존재로 만들었다는 것이다. 인간에게서 온갖 것을 억제할 수 있어도 절대를 향한 갈망은 억제할 수 없다. 땅 위에 지은 사원을 무너트리고 종교를 사라지게 해도 없어지지 않는다. 러시아 민족의 깊은 심성은 종교적이다. 그러므로 종교가 주도하는 것은 필연이다. 역사적 차원의 특징들도 크게 도움이 될 것이다.

러시아는 동방정교를 선택하면서 서유럽과 결별하겠다는 의사 표시를 했다. 그것이 처음부터 정체성을 확립하는 방법이었다. 귀족 사회를 제외하고, 러시아인들은 가톨릭 선교사 특히 예수회 신부들에게 넘어가지 않았다. 기독교가 분열한 것은 교리가 달라서가 아니라 민족적 정체성을 내세우려는 의지 때문이었다. 교회들이 갈라진 것은 별것 아닌 성상 논쟁 때문이 아니었다. 비잔틴제국은 완전한 독립을 원했다. 모스크바는 더 말할 것도 없었다. 기독교가 분열하고 이단이 나타났던 이면에는 민족주의가 있다. 루터의 종교개혁은 가족 간 불화의 성격을 띠고 있는 유럽 '내부'의 소란이었다. 그러나 동방정교는 특정 집단주의를 통해 보다 심층적인 곳을 건드려서 서유럽 세계와의 균열을 초래했다. 가톨릭을 거부하면서 러시아의 발전은 지연되었다. 빠르게 문명화할 수 있는 중대한 기회를 놓친 것이다. 그러나 그 대가로 러시아는 그들의 충동을 격렬하게 만들고 유일성을 견고하게 만들었다. 그들이 원했던 것이지만, 침체 상태로 인해서 러시아는 주변 국가들과 다른 별개의 존재가 되었다. 그들은 언젠가 서유럽이 자신들을 앞지른 것을 후회할 것이라고 예상했다.

러시아는 강해질수록 일정 부분 마르크스주의 때문에 멀어졌던 자신들의 뿌리를 의식하게 될 것이다. 보편주의 요법으로 강제 치료를 받고 나서 다시 러시아답게 되는 것이다. 동방정교에 유리할 것이다. 더욱이 러시아는 자신들의 흔적을 깊이 새겨 마르크스주의를 슬라브화했다. 전통에 없던 이질적 이념을 받아들이는 모든 민족은 일단 소화한 뒤 변질시킨다. 민족적 운명의 방향에 맞게 굴절시키고 유리하게 바꾸어놓아 민족의 개성과 구분이 되지 않게 만든다. 민족마다 나름의 관점이 있고, 그 관점은 필연적으로 사실을 왜곡한다. 그러나 왜곡된 시각에 당황하지 않고 오히려 만족해하고 용기를 얻는다. 자부심을 느끼게 하는 사실들은 생명이 넘치지만 객관적 가치가 없다. 이러한 오류들 때문에 역사의 다양한 풍경들이 만들어진다. 역사가들이란 기질과 시각적 측면에서 직업적인 회의주의자들이다. 진실의 바깥쪽에 있는 사람들이다.

서유럽이 자유를 획득하기 위한 투쟁으로 지쳐가고 있는 동안 아니 이미 획득한 자유 속에서 지쳐가고 있을 동안(자유를 소유하거나 남용하는 것만큼 소모적인 일은 없다), 러시아인들은 고통을 겪었지만 자신을 소모하지 않고 남아 있었다. 인간이 자신을 소모하는 것은 역사 속에서인데, 러시아는 역사에서 소외되어 있었다. 그러니 가혹한 독재정치를 감수해야 했다. 침울한 식물적 삶은 그들을 강인하게 했으며 에너지를 충전하고 저장하게 했다. 예속 상태에서 최대한 생물학적 이익을 얻은 것이다. 동방정교 교회가 도왔다. 그러나 일반 교회는 대중을 사건 밖에 잡아두어 개입하지 못하게 했고, 공식 교회는 반대로 권력자들이 제국주의적 목표를 갖게 자극했다. 동방정교의 두 얼굴이다. 한편으로는 최면을 걸어 대중을 마비시키면서 다른 한편으로는 수동적인 대중의 이름으로 거대한 정복을 가능하게 했다. 현재 러시아의 우위는 대중의 수동성이 가져온 것이다. 역사적 지체의 산물이다. 우호적이든 적대적이든 서유럽 국가들은 러시아 주위를 맴돌며 무엇인가 하려고 한다. 그들의 관심과 근심 속에 러시아라는 존재가 있다는 것은 잠재적으로 러시아의 지배를 받는다는 것을 의미한다. 러시아인들의 오랜 꿈 가운데 하나가 거의 실현된 것이다. 꿈을 실현하는 데 외국에서 수입한 공산주의 이념의 도움을 받았다는 것은 쓸쓸한 역설이다. 그러나 중요한 것은 정치제도가 러시아인의 것이며 전통에 완전히 부합

한다는 것이다. 서유럽의 여러 이론에서 곧장 유래한 러시아 혁명이 점점 슬라브적 개념이 되었다는 것이 증명하고 있지 않은가? 민족은 개념이나 이론의 총합이 아니라 강박관념의 총합이다. 어떤 계층 출신이든 러시아인들의 강박관념은 똑같든지 아니면 비슷하다. 러시아 민족은 장점이 없다고 했던 차다예프(1794~1856. 제정러시아의 철학가이자 사상가 — 옮긴이)나 가차 없이 러시아를 비웃던 고골(1809~1852. 우크라이나의 카자크 귀족가문 출신의 러시아 소설가 — 옮긴이)도 도스토옙스키만큼 러시아를 사랑하는 사람들이었다. 가장 열렬한 무정부주의자였던 네차예프도 극단적 보수주의자로 러시아 정교회 수장이었던 포베도노스체프만큼이나 러시아를 놓지 못했다. 중요한 것은 강박관념이다. 나머지는 태도일 뿐이다.

러시아가 자유주의 정치에 적응하려면 아주 약해져야 한다. 기운이 빠져야 하고 더 나아가 개성을 잃고 국민성이 뿌리까지 흔들려야 한다. 천년의 독재 시대를 살았으며 내적 에너지가 그대로 남아 있는 러시아가 어떻게 성공할 수 있을 것인가? 단번에 성공한다고 가정해보자. 붕괴할 것이다. 존재하고 번영하려면 어느 정도 공포정치가 필요한 규모의 나라들이 있다. 프랑스도 태엽이 풀리기 시작했을 때 민주주의 정치에 진입했다. 헤게모니를 포기하고 존경스럽고 현명한 국가가 될 준비를 끝낸 때였다. 나폴레옹의 제일제정(나폴레옹 1세가 황제로서 군림했던 1804년부터 1814년에 걸친 기간 및 1815년 백일천하의 기간. 나폴레옹이 워털루 싸움에서 패배하여 무너졌다 ― 옮긴이)은 마지막 광란이었다. 그 후 많은 격변을 겪으며 힘들게 자유에 적응했다. 영국은 그 반대였다. 국민의 순응주의와 어리석은 분별력 덕분에 충돌이나 위험 없이 긴 시간에 걸쳐 자유에 적응했다. 비정상적인 경우였다. (내가 아는 한 영국에는 무정부주의자가 한 사람도 없었다.)

사슬에 묶여 힘과 환상을 쌓아가며 미래의 희망 속에 사는 국가들은 시간적 측면에서 유리하다. 자유가 실현되어 평온하고 태만한 곳에서 무엇을 바라겠는가? 민주주의는 줄 것이 아무것도 없는 아름다운 약속이다. 한 국가에는 천국이자 동시에 무덤이다. 삶에는 민주주의가 의미가 있지만, 민주주의에는 삶이 없다. 행복이 눈앞에 있으면 재난이 멀지 않다. 민주주의를 신봉하려면 우리를 고문하는 딜레마에 빠져야 한다. 민주주의는 불안한 정치체제다.

그러나 대비가 잘 되어 있고 운이 좋은 러시아에 대해서는 그런 질문을 할 필요가 없다. 카람진(1766~1826. 귀족 출신의 러시아의 소설가이자 역사가 — 옮긴이)이 이미 지적했듯 러시아는 '존재 기반' 자체가 절대 권력이다. 유감스럽게도 이미 오래전 자유에 도달한 유럽과 비교해서 러시아가 가지고 있는 절대 우월성은 항상 자유를 갈구하면서 도달하지 못한다는 것 아닌가? 더구나 러시아는 자신이 구축한 제국을 전혀 수치스러워하지 않는다. 반대로 키울 생각만 한다. 다른 민족들은? 그들의 이익을 위해 러시아보다 더 적극적으로 합병에 나섰다. 표트르대제(1672~1725. 제정러시아의 황제 — 옮긴이)의 업적과 러시아혁명의 업적은 *천재적 기생* 상태다. 그리고 러시아는 타타르인(튀르크계 부족의 하나로 러시아에서 두 번째로 큰 민족 — 옮긴이)들이 가지고 있는 속박의 공포까지 침착하게 감수했다.

러시아인들은 의도적으로 고립 상태에 머물며 서유럽을

모방할 줄 알았을 뿐 아니라 자신들을 바라보고 감탄하게 하며 지성을 유혹할 줄 알았다. 프랑스 백과사전파 철학자들은 표트르대제와 카타리나 2세(1762~1796. 러시아의 여황제로 유럽의 계몽사상가들과 친교하며 자유주의 사상을 들여왔다 — 옮긴이)의 업적이 계몽주의 철학의 성과라며 열광했다. 좌파 지식인들도 레닌(1870~1924. 러시아의 혁명가이자 소련의 초대 국가원수 — 옮긴이)과 스탈린(1879~1953. 조지아 출신의 러시아의 정치가. 그의 지배하에서 역사상 최대의 국력과 영향력으로 강철제국을 건설했다 — 옮긴이)이 벌였던 사업에 열광했다. 이는 서유럽이 아니라 러시아에 유리한 현상이다. 까다롭고 초라한 서유럽 사람들은 역사의 발전을 자신들의 밖에서, 자신들의 창작품 밖에서 찾고 있다. 그들이 러시아인들보다 더 도스토옙스키적 인물에 가깝다. 인물이 가진 난폭한 변덕이나 남성적 공격성은 없고 쇠약하기만 하다는 것은 두말할 필요가 없다. 철학적 추론이나 회의주의 때문에 심약해져서 천 개의 의문과 후회에 시달리며 어지럼증 때문에 눈이 부셔 기진맥진해 있는 '악령'들이다.

모든 문명권에서는 자신들의 생활 방식이 생각할 수 있는 유일하게 좋은 것이므로 다른 사람들이 따르도록 설득하고 강압해야 한다고 믿는다. 노골적으로 혹은 은밀하게 주장하는 구원론이지만, 사실은 세련된 제국주의다. 군대가 개입하는 순간 마각을 드러낸다. 제국의 건설은 감성으로 하는 것이 아니다. 다른 민족을 예속시켜 자신들과 똑같이 행동하게 하고 자신들의 신앙과 관습을 따르게 한 후 사악한 명령을 내린다. 타인을 노예로 만들어 그에게서 만족스럽게 왜곡된 자신들의 이미지를 보고 싶어 하는 것이다. 제국들 사이에는 질적 측면에서 서열이 있다는 것에 동의한다. 몽골인과 로마인은 여러 민족을 지배했지만 이유가 달랐다. 정복의 결과도 달랐다. 그러나 변함없는 사실은 두 제국 모두 적을 자신들의 이미지에 맞게 격하시킨 후 파멸시키는 전문가였다는 것이다.

러시아인들은 자신들이 일으킨 것이든 겪기만 한 것이든 하찮은 불행에는 만족하지 않는다. 앞으로도 그럴 것이다. 그들은 운명적 체질과 대중의 규율을 무기로 서유럽을 덮치고 누를 것이다. 그들에게는 제국의 세대에 알맞은 병적으로 넘치는 기운이 있다. 돌발성과 공포와 수수께끼로 가득 찬 그들의 강건함은 정복의 전조이고 시초인 메시아사상을 위해 바쳐질 것이다. 러시아가 세계를 구원해야 한다는 슬라브주의자들의 주장은 완곡어법이다. 지배하지 않고 구원할 수는 없다. 한 국가의 생존 원칙은 그 내부에 있다. 다른 곳에는 없다. 한 국가가 어떻게 다른 국가에 의해 구원을 받을 수 있겠는가? 러시아는 —슬라브주의자의 단어와 개념을 일반화해서— 세계의 구원, 제일 먼저 유럽의 구원이 자신들의 사명이라고 생각한다. 유럽에 대한 그들의 감정은 복잡하다. 이끌림과 거부감 그리고 타락을 보면서 느끼는 질투심(감춰진 숭배와 드러나 있는 혐오의 혼합)이다. 선망하는 만큼 유럽은 위험하다. 가까이 가지 말고 멀어져야 한다.

러시아인은 자신을 정의하기 싫어하고 한계를 인정하기 싫어한다. 정치나 윤리에서 그리고 더 심각하게 지리적으로 모호하게 처신한다. '문명인'은 강한 이성적 전통 때문에 현실감이 떨어지고 천진스럽다. 러시아인에게서 문명인의 천진함은 찾아볼 수 없다. 오랜 은폐의 경험과 직관이 미묘하게 섞여 있다. 역사학적으로는 어린이일 수 있지만, 심리학적으로는 전혀 아니다. 젊은이의 충동과 늙은이의 비밀주의를 함께 가진 인간의 복잡성 그리고 그로테스크할 정도로 비약하는 모순은 거기서 온다. 러시아인이 깊이 생각할 때면 (힘들이지 않고 그렇게 하지만) 사소한 사실까지, 사소한 생각까지 삐뚤어지게 만든다. 엄청난 불만의 대가라고 하겠다. 러시아 사상의 역사에서 혁명에 관련되었든 아니든 모두 혼미하고 지독해서 종잡을 수가 없다. 아직도 구제 불능 유토피아주의자들이다. 유토피아란 핑크빛 그로테스크다. 가능하지 않은 행복을 역사 과정과 연결하려는 욕구이고, 뜬구름 같은 낙천적 환상을 밀고 나가 그 출발점으로 되돌리려는 것이다. 없애려고 했던 냉소주의 자체가 되는 것이다. 한마디로 괴물 같은 마법의 성이다.

러시아가 꿈꾸는 세계 제국을 실현할 상태가 된다는 것은 가능성이지 현실이 아니다. 그러나 러시아가 유럽을 정복하고 합병하는 작업에 착수하리라는 것은 정확한 사실이다.

나머지 세계를 안심시키기 위해서라도 이렇게 말할 것이다. 작은 것에 만족하지 않습니까? 더 설득력 있는 겸손과 온건함의 증거를 어디서 찾으시겠습니까? 유럽은 대륙의 끝의 한 조각일 뿐 아닙니까? 당분간 러시아는 중국을 바라보는 몽골인들의 시선으로, 비잔틴제국을 바라보았던 터키인들의 시선으로 유럽을 보고 있을 것이다. 이들 타르타르족이나 오스만족은 먹잇감에 비해 물질적 측면에서만 우월했지만, 러시아는 유럽적 가치의 많은 부분을 이미 흡수하고 있다. 러시아가 르네상스를 거치지 않았다는 것은 물론 유감이다. 모든 불균형이 거기서 온다. 그러나 역사의 단계를 뛰어넘는 능력을 발휘해, 러시아는 한 세기 내 어쩌면 그 이전에 수준이 떨어지는 길밖에 남아 있지 않은 유럽만큼 성숙하고 취약한 문명 수준에 도달할 수도 있다. 역사의 궁극적인 야망은 이러한 문명 수준이 얼마나 다양한지 기록하는 것이다. 러시아의 문명 수준은 유럽보다 낮으므로 올라갈 수밖에 없고 러시아의 지위도 따라 올라갈 것이다. 말하자면 러시아는 그렇게 선고를 받은 것이다. 올라가다 보면 고삐가 풀려 균형을 잃게 될 텐데 분열해서 멸망할 위험은 없을까? 스텝 초원과 여러 신앙 속에서 딱딱하게 굳어진 영혼들이 사는 러시아는 공간과 폐쇄, 광활함과 질식이라는 이상한 감정을 느끼게 한다. 북방, 그것도 우리 분석으로는 풀리지 않는 특수한 북방이 주는 느낌이다. 잠과 희망이 있고, 폭발력으로 부풀어 오른 밤이 있으며, 기억할 새벽이 있는 곳이다. 지중해의 투명함이나 초연함을 찾을 수 없다. 그들의 과거는 현재도 마찬가지지만 우리와 다른 차원에 속해 있는 것 같다. 서유럽의 힘 빠진 명성 앞에서 그들은 불편해한다. 뒤늦게 깨어나 아직 힘을 사용하지 않았기 때문에 생기는 '강자' 콤플렉스다. 그들은 벗어날 것이다. 이겨낼 것이다. 매력을 발산하는 세련된 세계에 대한 그들의 은밀하고 경직된 동경이 우리의 미래에 유일하게 빛을 발하는 지점이다. 동경을 느끼게 되면 (운명의 방향이 그렇게 보이지만) 충동을 누르고 문명화될 것이다. 그들 역시 자유의 바이러스에 감염될 것이다. 즐거운 전망이다.

제국이 인간적일수록 모순이 많아지게 되고, 그 모순 때문에 제국은 멸망하게 된다. (국가의 구조가 유기적인 것과는 반대로) 제국은 외형적으로 복잡하고 구조적으로 이질성이 높다. 존속하려면 공포라는 응집 원칙이 필요하다. 관용은 어떤가? 제국의 단합과 세력을 파괴할 것이다. 치명적인 독약을 삼킨 것과 같을 것이다. 관용이란 자유의 다른 이름이고 정신의 다른 이름이다. 정신은 한 개인에게도 위험하지만, 제국에는 더 위험하다. 정신은 제국을 침식하고 견고함을 훼손하며 가속적으로 약화한다. 하늘이 제국을 치려고 비웃으며 사용하는 도구다.

자의적인 시도지만 흥미 차원에서 유럽 내 *생명의 지대* 를 찾아보자. 동쪽으로 갈수록 충동이 강해지고 서쪽으로 갈수록 약해지는 것을 알 수 있다. 러시아만이 충동적인 것은 아니다. 정도의 차이는 있지만, 러시아의 영향권 안에 있는 나라들도 그렇다. 폴란드나 헝가리 같은 나라들은 역사상 적지 않은 역할을 했다. 나머지 유고슬라비아, 불가리아, 루마니아 같은 나라들은 그늘에 가려 후일을 기약하지 못하는 폭동을 일으킨 것이 전부다. 과거가 어떠했든 문명 수준과 별개로 이들 나라들에는 서유럽에서는 찾을 수 없는 생물학적 에너지가 있다. 부당한 대우를 받고 낙오되어 이름도 없는 천대에 떼밀려 폭동과 망연함 사이를 오갔던 이들 나라들은 앞으로 그 많은 시련과 굴욕 그리고 비겁함에 대한 보상을 받을 것이다. 충동의 강도는 외부에서 평가할 수 없다. 그곳에 살면서 느껴야 한다. 눈을 감고 유럽의 운명에 대해 아직 기대를 걸어볼 만한 유일한 지역이다. 자, 유럽 대륙이 러시아에 합병된다고 가정해보자. 그리고 너무 넓어진 나머지 힘이 빠져서 제국이 와해된다고 가정해보자. 여러 민족이 독립할 것이다. 그들 중 누가 우위를 차지할 것인가? 마비를 목전에 둔 구제 불능 유럽에 누가 젊은 혈기를 불어넣어줄 것인가? 나로서는 의심의 여지가 없다. 지금 언급한 나라들이다. 현재 평판을 생각하면 내 말을 웃음거리로 받아들일 수 있다. 중남부 유럽을 보라고 말할지도 모른다. 발칸반도? 그들을 변호하고 싶지도 않지만, 가치를 감추지도 않겠다. 그들의 취향은 황폐함, 정신적 혼란, 불난 창녀촌 같은 세상이다. 이미 닥쳤거나 닥칠 재난에 대해 냉소적이다. 불면증 환자나 살인자처럼 괴로워하면서 태연하다. 풍부하고 묵직한 과거에 불과한 것인가 아니면 앞으로 올 후손들이 쓸 유산인가? '영혼'이 침범해 깃든 그들에게 야만성이 남아 있다는 증거로 받아들여야 한다. 자존심이 강한 그들은 마음이 상해 있다. 그들은 명예를 몸에 휘감고 싶어 한다. 명예욕이란 자신을 내세우면서 동시에 파멸하려는 의지와 뗄 수 없다. 석양이 *빠르게* 지기를 바라는 것처럼. 그들의 언어가 독기에 차 있고 억양이 비인간적이어서 때로 천박한가? 더 이상 소리를 지르지 않는 문명인보다 더 거칠게 욕설을 퍼붓게 하는 숱한 이유가 있기 때문이다. 유럽이 새롭게 도약하게 자극을 줄 수 있는 사람들은 유럽 내 유일한 '원시인'인 그들뿐이다. 남동부 유럽이 끔찍스럽다고 하지만—정말 놀랍게도—왜 거기를 떠나 서쪽을 향하게 되면 텅 빈 공간 속으로 떨어지는 느낌이 드는 걸까?

쇠락하는 서유럽의 끄트머리 비엔나를 넘으면, 파묻혀 보이지 않았던 족속들의 삶이 전개되기 시작한다. 역사에서 소외되어 꿈을 축적할 수 있었던 엄청난 특혜로 부활의 불행이 예정된 특정 민족의 깊고 비밀스러운 삶이 거기에 있다. 쇠잔한 오스트리아는 상징물과 연극 무대가 되어 있다. 독일의 운명을 예고하고 있다. 게르만족은 이제 대규모로 유랑하지 않는다. 맡은 일도 없고 맹렬한 기세도 없다. 그들을 좋아하게 만들거나 싫어하게 할 것이 아무것도 없다. 그들은 유럽을 탄생시키기 위해 로마제국을 멸망시킬 운명을 타고났던 야만족이었다. 유럽을 탄생시켰으니 유럽을 해체하는 것도 그들의 몫이다. 유럽은 게르만족과 함께 흔들리며 피로를 뒷감당할 것이다. 아직 힘이 조금 남아 있더라도, 그 뒤에 숨기고 있는 것도 없고 그 힘을 정당화하는 것도 없다. 풀밭에 사는 스위스의 헬베티아족(갈리아 부족 중의 하나로 기원전 1세기 로마공화정의 속주에 침입했다 — 옮긴이)을 기다리는 것은 초라한 운명이다. 평소 보였던 배포는 간데없고 별 볼 일 없는 미덕과 시시한 부도덕을 반추하는 상태다. 부족으로 뭉치는 것이 유일한 희망이다. 아직도 두려움을 느끼게 하지만 두려워할 대상이 될 자격이 없다. 그들을 믿거나 무서워하는 것은 받을 자격이 없는 영광을 베푸는 것이다. 스위스인들의 실패가 러시아로서는 행운이었다. 그들이 성공했더라면 러시아는 적어도 한 세기 동안 야심을 버려야 했을 것이다. 스위스인들은 성공하지 못했다. 물질적으로 정상에 이르러 우리에게 보여줄 것이 아무것도 없었기 때문이다. 그들은 *강하지만 텅 비어* 있었다. 시간은 이미 다른 사람들을 위해서 울렸다. "슬라브인은 사라지는 세계 속에서 *고대 게르만족*이 아닐까?" 19세기 말 게르첸(1812~1870. 사상가로 '러시아 사회주의의 아버지'라 불렸다 ― 옮긴이)이 질문했다. 러시아 자유주의자들 가운데 가장 심하게 분열을 겪었으면서 가장 통찰력이 있었던 그의 예언적 질문이었다. 이민자가 시간을 보내기 좋은 모호하고 끝없는 주제인 민족의 문명을 성찰하기 좋아했던 그는 조국 러시아에는 염증을 느꼈고 유럽에는 실망했다. 그래서 어떤 나라에도 어떤 문제에도 관심을 집중하지 못했다. 다른 러시아인 솔로비요프(1853~1900. 러시아의 철학자이자 신비주의자 ― 옮긴이)는 민족이란 민족 스스로 상상하는 그 무엇이 아니라 신이 영원한 시간 속에서 계획하는 그 무엇이라고 말했다. 신이 게르만족과 슬라브족에 어떤 견해를 가졌는지 나는 모른다. 단지 슬라브족에 배려를 아끼지 않았다는 것 그리고 그에 대해 신을 예찬하거나 비난해서는 안 된다는 것을 알고 있을 뿐이다.

"이 거인은 아무 목적 없이 창조되었는가?" 과거에 숱한 러시아인들이 자신들의 나라에 대해 가졌던 의문이 해결되었다. 거인에게는 존재의 의미, 그것도 대단한 존재의 의미가 있다. 이념 지도를 보면 거인이 한계선 너머까지 뻗어 있으며 원하는 곳, 마음에 드는 곳에 국경선을 긋고 있음을 알 수 있다. 어디서나 때로 유익하지만 대체로 해로운, 그리고 항상 빠르게 확산하는 전염병을 떠오르게 한다.

로마제국은 한 도시에서 시작했다. 영국은 좁은 섬나라를 벗어나기 위해 제국을 건설했다. 독일은 국토에 인구가 넘치자 숨을 쉬기 위해 제국을 건설하려고 했다. 그러나 러시아의 경우는 유례없는 현상이다. 차지하고 있는 넓은 공간을 명분으로 영토 확장 계획을 변명한다. "충분히 가지고 있는 바에야 넘치게 갖지 못할 이유가 없지 않은가?" 그들의 선언과 침묵이 담고 있는 무언의 역설이 그것이다. 러시아는 무한이라는 범주를 정치 범주로 만들 것이다. 그렇게 해서 제국주의의 고전적 개념과 전통적 범위를 뒤엎고, 너무 거대해서 혼란으로 변질하지 않을 수 없는 희망을 불러일으킬 것이다.

천년에 걸친 공포, 암흑, 약속의 세월을 뒤에 두고 있는 러시아는 우리가 사는 역사적 순간의 어둠을 수용하기에 가장 적절한 나라다. 세계 종말에 기막히게 맞는다. 습관과 취향까지 그렇다. 그들의 리듬이 전력 질주로 이미 바뀌었다. "러시아여, 어디를 향해 서둘러 가고 있는가?" 고골이 이미 자문한 바 있다. 그는 러시아가 겉으로는 조용하지만 속은 들떠 있다는 것을 알아차리고 있었다. 우리는 지금 러시아가 어디로 가고 있는지 알고 있다. 제국의 숙명을 가진 국가들의 이미지 그대로다. 자기 문제보다 다른 나라의 문제를 해결하는 데 더 조급하게 군다. 흘러가는 시간 속에서 러시아가 무엇을 결정하고 시도하는가에 우리의 행로가 달려 있다. 러시아는 우리의 미래를 손에 쥐고 있다. 다행스럽게도 시간이 지난다고 우리의 본바탕이 사라지는 것은 아니다. 파괴할 수 없는 그 무엇이 있다. 우리 안에 있을까? 우리 밖에 있을까? 어떻게 알 수 있는가? 지금 관심을 가져야 할 것은 전략의 문제와 형이상학의 문제다. 우리를 역사에 묶는 문제와 역사로부터 떼어놓는 문제, 즉 시사성과 절대성 혹은 일간지와 복음서라고 할 수 있다. 전보와 기도문만 읽게 될 날이 올 것이다. 놀라운 일이 있을 것이다. 즉시가 우리를 사로잡을수록 그 반대의 필요성을 느낀다. 그래서 같은 순간에 세상 안에서 살면서 동시에 세상 밖에서 산다. 줄줄이 이어지는 제국 앞에서 우리에게 남은 일은 찡그리거나 침착하거나 그 둘 사이에 중간 타협점을 찾는 것이다.

— 1957년 쓰다

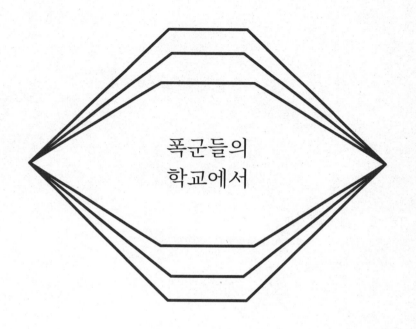

폭군들의
학교에서

도시에서 제일인자가 되고 싶은 유혹을 느껴보지 못한 사람은 정치 활동을 이해하지 못한다. 타인을 예속시켜 사물로 만들려는 의지를 이해하지 못하고, 경멸의 기술이 무엇으로 이루어졌는지 짐작하지 못한다. 권력욕이 없는 사람은 드물다. 정도 차는 있지만, 누구나 가지고 있다. 자연스러운 욕망이다. 그러나 잘 살펴보면 특징이 병적이다. 그 병은 우연히 낫든지 아니면 내적인 성숙이 있어야만 낫는다. 카를 5세가 영토를 최대로 확장했던 시기 왕위에서 물러났을 때 내면에서 일어났을 수준까지 정신적으로 성숙해야 한다. 그는 피로가 지나치게 쌓이면 용기가 지나칠 때만큼 정신적으로 성숙한다는 것을 브뤼셀에서 연출한 그 위대한 장면으로 보여주었다. 권력욕을 버리고 단념하는 것은 비정상이거나 불가사의다. 인간성과 정체성에 대한 도전이다. 예외적이고 극단적이다. 철학자들은 즐거워하겠지만 역사가들은 무장 해제했다고 느낄 것이다.

당신이 야망에 사로잡혀 열병을 앓고 있을 때 자신을 관찰해보시라. 그다음에 '발작'할 때를 분석해보시라. 먼저 특이한 증상들이 나타나는 것을 알게 될 것이다. 이상한 열기에 사로잡혀 불안해진다. 지나치게 희망찬 미래에 도취된 당신은 갑자기 현재와 미래에 대해 책임감을 느낀다. 세계 무정부를 위해 활동하며 함께 폭발하기를 꿈꾸는 전율이 일어나는 시간의 흐름 한가운데 있다. 그리고 사건이 벌어지는 두뇌와 뒤끓는 피에 주의하며 혼란스러운 내면의 반응을 엿보고 신호를 기다린다. 정치적 열정으로 고민하고 심하게 불편하다. 이성이 마비되고 충동이 자극받아 혼돈에 빠진다. 당신이 성취할 수 있다고 상상하는 선과 특히 악에 관한 생각으로 당신은 만족해하며 들뜬다. 당신의 장애가 부리는 기적적이고 놀라운 재주로 인하여 당신은 모든 인간과 모든 사물의 주인이라고 생각한다.

주변에 같은 욕망에 시달리는 사람이 있으면 비슷하게 산만하다는 것이 보일 것이다. 욕망의 지배를 받는 동안은 취해서 알아볼 수 없다. 목소리 음색까지 변한다. 야망이란 몸을 내맡긴 사람을 미치광이로 만드는 마약이다. 낙인이 찍혀 있다. 미친개의 모습이다. 표정에는 근심이 어려 있다. 불결한 엑스터시에 들뜬 것 같은 분위기다. 자신이나 다른 사람에게서 그런 것들을 본 적이 없다면 권력을 모르는 사람이다. 독약과 만병통치약을 종합한 활력에 넘치는 지옥인 권력, 그 저주와 혜택을 모르는 사람이다.

자, 이제 그 반대의 경우를 상상해보자. 열기가 식어버리고 마법에서 깨어났다. *지나치게 정상적이다.* 어떤 야심도 없다. 그러므로 누군가, 무엇인가 될 수단과 방법이 없다. '무'의 화신이고 공허의 구현체다. 분비샘과 내장이 훤히 보이고, 뼈들이 깨어나 있고, 온몸이 이성에 둘러싸여 있다. 자기 자신이 사라졌다. 정치에서 벗어나 시간을 초월하여, 무경험의 완전무결한 지식 속에 굳어버린 자신만 있다. 흘러가버린

찰나의 순간, 어디서 찾을 것인가? 누가 되돌려줄 것인가? 어디나 미친 사람들, 마법에 걸린 사람들, 비정상 집단들이 있다. 이성은 그들을 피해 당신 곁으로 피난한다. 당신만이 모든 것을 이해한다. 사기 피해자들 사이에서 방황하며 모두가 참가하는 코미디에 얽혀들지 않고 절대 관찰자로 남아 있는 유일한 사람이 당신이다. 다른 사람들과의 거리가 멀어져 가면 다른 사람들이 모르는 어떤 세계를 알게 된 것은 아닐까 자문하게 될 것이다. 사소한 것이든 중대한 것이든 발견한다 해도 그 내용은 당신에게 모호하게 남을 것이다. 확실한 사실 하나는 놀라운 균형에 도달했다는 것뿐이다. 타인과 공모하기 어려운 정신적 진화 상태다. 나는 부당할 정도로 이성적이고, 어떤 현자보다 균형이 잡혀 있어 안정적이다. 자신을 그렇게 생각할 것이다. 그리고 당신을 둘러싸고 있는 미친 사람들과 닮았다고 하면 별것 아닌 차이만으로도 그들과 당신은 영원히 다르다고 생각할 것이다. 그 기분, 그 환상 때문에 같은 행동을 하더라도 열정과 확신의 정도가 다르게 된다. '발작'을 이겨내고 재발을 막는 유일한 방법은 남을 속이는 것이지만 당신에게는 명예가 걸린 문제다. 단 한 번의 계시나 체념이 필요했었다면, 당신은 그런 위기를 겪지 않은 자들이란 인간 종이 타고난 엉뚱한 일에 점점 빠지게 되리라고 생각할 것이다.

두 경우가 대칭이라는 것을 알아차렸을까? 정치인이 되려면, 다시 말해서 폭군의 자질이 있으려면 정신이 이상해야한다. 그런데 정치를 그만둔다 해도 다른 방향이지만 똑같이정신이 이상해야 한다. 근원에 있는 것은 위대한 인간이 되고 싶은 망상이다. 도시에서 일인자가 되고 싶은 욕망이나맨 끄트머리가 되고 싶은 욕망이나 단지 자만심을 어디에 둘것인가 차이일 뿐이다. 동적이었던 망상이 정적으로 바뀌는것이다. 정적 망상은 비정상의 기형 범주다. 거기서 비롯되는 체념 역시도 그렇다. 다만 정치보다는 금욕에 관련된 것이니 여기서 다룰 주제는 아니다.

권력욕은 수천 년 전부터 수없이 나타났던 크고 작은 폭력 정치에 퍼져 있었다. 욕망이 집중되어 하나로 모여야 하는 때가 드디어 왔다. 지구를 삼켰었고, 삼키고 있는 갈증을 표현하는 것이다. 권력에 대한 망상의 마지막 단계이고 우리의 기다림과 일탈의 완성이다. 흩어져 있던 인간 양떼는 인정사정없는 목동의 감시 아래 다시 모일 것이다. 세계적 차원의 괴물 앞에서 모든 민족은 당황하고 황홀해하면서 무릎을 꿇을 것이다. 세계가 무릎을 꺾는 것으로 역사의 중요한 장이 넘어갈 것이다. 그다음 지배체제가 해체되기 시작할 것이다. 원시적 무질서, 무정부 상태로 복귀할 것이다. 억눌렸던 증오심과 악습이 다시 나타날 것이다. 그와 더불어 지나간 순환 주기에 볼 수 있었던 자잘한 폭군들이 고개를 들 것이다. 그러면 대규모 노예 상태 이후엔 그저 그런 폭군들의 시간이 될 것이고, 그저 그런 노예 상태가 될 것이다. 그러나 기록적 노예 상태에서 벗어나는 때가 되면 살아남은 자들은 지나간 부끄러움과 공포를 자랑스러워하게 될 것이다. 대열 밖에서 희생되었던 자들은 기억에 찬사를 보낼 것이다.

뒤러(1471~1528. 르네상스 시대 독일의 화가 — 옮긴이)는 나의 예언자다. 이어진 과거 세기를 찬찬히 살펴보면 뒤러의 〈묵시록의 네 기사들〉이 그 의미를 밝혀주는 유일한 이미지들처럼 보인다. 시간은 흐르면서 제자리걸음으로 군중을 짓밟는다. 약자들이 죽는다. 강자들도 죽는다. 기사들도 죽는다. 단 한 명만 예외다. 그 기사 한 명의 거창한 명성을 위하여 지난 시간이 괴로워하며 비명을 질렀다. 그가 지평선 위로 커가는 것이 보인다. 벌써 우리의 신음 소리가, 비명이 들린다. 우리 뼛속으로 스며드는 밤의 어둠은 다윗 왕(BC 1000~BC 962. 고대 이스라엘 왕국의 전성기를 이뤘다 — 옮긴이)에게 했듯 우리를 평화롭게 해주지 않을 것이다. 혼비백산하게 할 것이다.

나타났던 폭군에 따라 판단하자면 우리 시대는 '초라하다'라는 단어만 빼고 온갖 수식어를 붙일 수 있을 것이다. 엇비슷한 경우를 찾자면 로마제국이나 몽골 침입 시대로 거슬러 올라가야 한다. 결정적 공로는 스탈린보다 히틀러에게 돌려야 한다. 그가 관심을 끌어서가 아니라 미래의 윤곽을 제시하기 때문이다. 히틀러는 불길한 출현과 세계적 히스테리의 징조를 예고한다. 우리를 해방하는 것이 아니라 구속하게 될 운명을 지닌 과학, 그 과학의 힘으로 세계를 통일할 대륙적 차원의 폭군을 예고한다. 우리가 전에도 알고 있었던 사실이지만 다시 확인하게 될 날이 올 것이다. 우리는 존재하기 위해서 태어났다. 무엇을 배우기 위해서 태어나지 않았다. 우리는 살기 위해 태어났지, 자신을 내세우기 위해서 태어나지 않았다. 그런데 지식은 권력욕을 자극하고 충동해 우리를 가차 없는 파멸로 이끈다. 우리의 꿈과 시스템보다 성서의 인간 창조가 우리의 조건을 더 잘 보여준다.

우리가 스스로 깨우친 것, 우리 속에서 만들어낸 어떤 지식에 대해서도 우리는 속죄해야 한다. 지식의 대가로 우리는 균형 감각을 잃는다. 지식은 내면의 혼란과 한정되었거나 퍼져 있는 질병과 우리 존재의 뿌리에 있는 갈등의 산물이다. 지식으로 인해 존재의 경제학이 바뀐다. 무관심과 정체 상태로 두기 위해 창조된 세상을 조금이라도 건드리면 대가를 치러야 한다. 인간은 언젠가 세계를 그대로 두지 않았던 것을 후회하게 될 것이다. 지식도 그렇지만 정치적 야심에서는 더 확실하다. 타인을 짓밟는 것은 신비나 단순한 물질을 짓밟는 것보다 심각한 일이다. 그리고 결과가 즉각적이다. 처음에는 타인을 떨게 하는 것으로 시작한다. 그러나 타인은 자신의 두려움을 전염시킨다. 따라서 폭군도 역시 두려움에 떨게 된다. 앞으로 나타날 폭군들에게는 지금까지 누구도 느껴보지 못한, 외롭게 인류 전체를 상대해야 하는 사람에게 맞는 음산한 행복감까지 더해질 것이다. 그는 시작도 끝도 없이 어디나 퍼진 절대 공포 속에 군림하는 신이다. 씁쓸해하는 프로메테우스(그리스 신화에 나오는 티탄족의 영웅. 인간에게 불을 훔쳐다 주어 인간에게는 문화를 준 은인이 되었으나, 그로 인해 제우스의 노여움을 사 코카서스의 바위에 묶여 독수리에게 간을 쪼이는 고통을 받았다고 한다 ─ 옮긴이)와 교만한 여호와가 합해진 존재다. 신화나 종교에 도전한다. 어떻게 해야 할지 알 수 없는 골칫거리다.

도시, 왕국, 제국의 테두리 안에 갇혀 있던 괴물들이 가고 자연스럽게 더 센 괴물이 나타난다. 천재지변이 나고 나라들이 망하고 우리의 자유가 사라지는 때 벌어지는 일이다. 역사라는 틀은 우리가 원하는 것을 반대로 하고 희망을 비틀어버린다. 역사의 본질은 천사가 아니다. 역사를 잘 살펴보면 바라게 되는 것이 하나 있다. 씁쓸한 정서를 높은 정신적 깨달음으로 취급하는 것이다.

모든 인간은 정도가 심하든 그렇지 않든 질투를 한다. 정치인은 질투 그 자체다. 자기 옆이나 위에 누가 있는 것을 참지 못한다. 무엇인가 행동하는 것은 아무리 작은 것이라도 질투심에서 촉발된다. 질투는 살아 있는 인간의 최고 특권이자 행위 법칙이고 원동력이다. 질투가 떠나가면 당신은 무가치한 인간, 그림자, 벌레에 지나지 않는다. 그리고 병자다. 질투가 당신을 받치고 있으면, 자존심의 상처를 치유하고 이해관계를 돌보고 무기력에서 벗어나는 기적을 일으킨다. 어떤 치료술이나 도덕론에서도 질투의 긍정적 효과를 추천하지 않은 것이 이상하다. 질투는 하늘이 내린 선물보다 자비롭다. 우리의 발걸음을 앞질러 인도한다. 질투를 느껴보지 못한 사람, 질투를 우습게 생각하거나 피하는 사람에게 불행이 있을 것이다. 그런 사람은 우리의 행동, 창조, 파괴의 욕망, 원죄를 징벌하기 위해 우리 안에 심어놓은 욕망을 회피하는 것이다. 다른 사람을 질투할 능력이 없는 인간이 인간들 사이에서 무엇을 찾고 있는가? 그를 기다리는 것은 낙오자의 운명이다. 그를 구하는 방법은 억지로 폭군을 모방하게 하는 것이다. 폭군의 과도하고 나쁜 행동을 강제하는 것이다. 어떻게 세상에 흥미를 갖고 살아가는가? 어떻게 타락하는가? 그것을 가르쳐주는 것은 현자가 아니라 폭군이다. 신의 피조물이 빠져드는 저주받은 행복한 타락을 하려면 원죄를 다시 받아들여야 한다. 할 수 있을까? 확실하지 않다. 그는 폭군의 외로움만 모방할 것이다. 불쌍하게 여기는 수밖에 없다! 악을 부담하려고 하지 않고 누구와도 경쟁하지 않는다는 인간은 자신 이하, 모든 사람 이하에 머물러 있을 비참한 인간이다.

행위가 질투심에서 나온다면 정치 투쟁의 최후 단계가 경쟁자나 적을 제거하기 위한 계산과 권모술수로 귀착되는 이유를 이해할 수 있다. 단도직입적으로 말할까? 생각의 방향이 같고 선입견도 같아서 당신 옆에서 같은 길을 걸어왔던 사람들을 제거하라. 그들은 필연적으로 당신의 자리를 빼앗고 없애버릴 궁리를 하고 있을 것이다. 경쟁자 중에서 제일 위험한 자들이다. 그들에게만 집중하라. 다른 사람들은 기다릴 시간이 있다. 내가 권력을 잡는다면 첫째 할 일은 내 동지를 없애는 일일 것이다. 그렇게 하지 않으면 일을 망친다. 폭군의 신용을 떨어트린다. 이 방면에서 탁월했던 히틀러는 자기에게 반말을 하는 유일한 친구 룀(1887~1934. 독일의 군인이자 정치가로 나치 정권 수립에 도움을 주었다 — 옮긴이)부터 시작해서 초기 동지들을 제거했다. 현명했다. 스탈린도 그에 못지않게 탁월했다. 모스크바 재판(1936~1938년, 스탈린 개인 우상화를 위해 수천 명에 이르는 혁명 1세대를 숙청한 일을 가리킨다 — 옮긴이)이 증명한다.

정복자가 성공하는 한, 전진하는 한 그는 어떤 나쁜 짓도 할 수 있다. 여론이 용서한다. 그러나 운명의 여신으로부터 버림을 받으면 작은 실수라도 불리하게 작용한다. 살인을 언제 저지르는가, 거기에 모든 것이 달려 있다. 권력의 정점에서 저지르는 범죄는 권위를 강화하고 신성한 두려움을 갖게 한다. 적절한 때를 아는 감각은 자기를 두려워하고 존경하게 만드는 기술이다. 무솔리니(1883~1945. 국가 파시스트당을 창당했고, 파시즘을 주도한 이탈리아의 총리 — 옮긴이)는 서투르고 운이 없었던 폭군의 전형이었다. 그는 실패가 확연해지고 권위가 떨어졌을 때 잔인해졌다. 몇 달간 때에 맞지 않은 보복을 한 결과 그의 20년 노력이 헛수고가 되었다. 나폴레옹은 대단히 영리한 폭군이었다. 앙갱 공작(나폴레옹에 대한 쿠데타 계획에 참여했다는 것만으로 처형당한 프랑스 왕족 — 옮긴이)의 처형을 미루어, 예를 들면 러시아 원정 후에 실행했으면 그는 살인자로 역사에 남았을 것이다. 그러나 명성에 오점 하나 정도로밖에 남아 있지 않다.

꼭 그래야 한다면, 범죄를 저지르지 않고 통치할 수는 있으나 부당한 행위를 하지 않고는 통치할 수 없다. 그 양을 잘 배합하고, 이따금 한 번씩만 사용해야 한다는 문제가 있기는 하다. 용서를 구하려면 화가 난 것처럼 보이고 미친 것처럼 보일 줄 알아야 한다. 뜻하지 않게 피를 부르게 되었다는 인상을 줄 줄 알아야 하고, 온화한 표정으로 가혹한 전략을 밀고 갈 줄 알아야 한다. 절대 권력은 쉬운 일이 아니다. 겁이 없는 연극배우나 살인자들만이 능력을 발휘한다. 회의주의에 빠져 용기가 꺾인 폭군은 인간적으로 감탄할 만하다. 그러나 역사적으로는 한심하다.

"국민을 어떻게 보는가?" 아이러니를 섞지 않고 국민이라는 단어를 사용하는 사상가나 역사가는 자격 미달이다. 국민의 운명이 어떤 것인지 우리는 너무나 잘 알고 있다. 역사적 사건들과 통치자의 망상을 감내하는 것이다. 우리를 움츠러들게 하고 괴롭히는 계획에 우리 자신을 내맡기는 것이다. 정치적 실험이란 제아무리 *진보적*이라고 해도 국민에게 불리하게 진행된다. 국민을 희생시킨다. 신의 결정인지 악마의 결정인지 알 수 없으나 국민에게는 노예의 낙인이 찍혀 있다. 그들을 동정하는 것은 쓸데없는 일이다. 명분이 없다. 국가나 제국을 세우려면 국민을 부당하게 취급하는 데 망설이지 말아야 한다. 국민을 경멸하지 않는 국가 원수나 정복자는 없다. 국민은 경멸을 용납하고 감수한다. 인간이 무기력하게 되기를, 희생자가 되기를 거부하고 운명을 거부하면 사회는 사라진다. 역사도 사라진다. 그것도 지나친 낙관론이다. 그런 근사한 가능성을 예상할 근거가 없다. 국민은 독재를 부른다. 고난을 견딜 뿐 아니라 때로 시련을 요구한다. 반항하는 것은 전보다 더 포악한 시련을 향해 가려고 하는 것이다. 국민이 누리는 단 하나의 사치가 혁명이다. 그래서 혁명에 서둘러 뛰어들지만 어떤 이득을 얻거나 운명을 개선하기 위한 것이 아니다. 무례할 수 있는 권리를 갖자는 것뿐이다. 혁명에는 습관화된 실망을 달래주는 좋은 점이 있다. 그러나 무질서라는 특권이 사라지면 즉시 받은 혜택을 잃는다. 어떤 정치체제로도 구원이 보장되지 않으므로 국민은 모든 정치체제에 순응한다. 어떤 의미에서는 어떤 정치체제에도 적응하지 않는다. 노아의 홍수부터 최후의 심판까지 국민이 자부할 수 있는 것은 패자의 역할을 충실하게 수행했다는 것뿐이다.

우리의 동지들에게 돌아가보자. 그들을 제거해야 하는 이유가 또 있다. 우리의 한계와 단점을 너무 잘 알고 있으며, 우리의 장점에 대한 환상이 전혀 없다는 것이다. (그것은 우정이다. 그 이상 아무것도 아니다.) 설령 받아들일 여론이 충분히 조성되어 있더라도 우리가 만인의 우상이 되는 것이 그들에게는 못마땅한 일이다. 그들이 하는 일은 우리의 보잘것없음,

실제적 차원을 유지하는 것이다. 우리 자신에 대해 꾸며내고 싶어 하는 신화에서 바람을 빼고 허상을 폭로하는 것이다. 그들이 조금이라도 우리를 칭찬할 때면, 여러 암시와 뉘앙스를 집어넣어 그 조심스러운 아부는 결국 모욕이 된다. 그들이 은밀하게 원하는 것은 우리가 약해지고 비굴해지며 파멸하는 것이다. 우리의 성공은 억지로 빼앗은 것이므로 정신력을 모아 우리의 생각과 동작을 관찰해 별것이 아니라는 것을 드러내 알리려는 것이다. 그들이 관대해지는 것은 우리의 내리막길이 시작될 때뿐이다. 우리의 몰락을 지켜보는 그들의 호의가 얼마나 각별한지 우리를 아주 사랑하기 시작한다. 우리의 불행을 측은해하며 본인들의 불행은 잊고 우리의 불행을 같이 나눈다. 그리고 즐긴다. 우리의 지위가 올라가는 동안에는 사정없이 조사한다. 객관적으로. 그리고 다시는 성공하지 못한다고 확신하면 우아한 여유를 보이며 지나간 성공을 용서한다. 우리의 장애를 바라보고 우리의 부족함에 감탄하는 데 시간을 많이 보내기 위해서 우리 앞에서 약한 척한다. 카이사르의 가장 큰 실수는 측근들, 그를 가까이서 보았기 때문에 신의 후예라고 주장하는 것을 용납할 수 없던 사람들을 경계하지 않은 것이다. 로마 시민들은 그의 신격화에 동의했지만, 측근들은 거부했다. 사실 군중은 모든 것에 동의한다. 만일 카이사르가 측근을 쫓아버렸다면, 비참한 죽음 대신에 영광을 길게 누리며 신에 어울리는 웅장한 최후를 맞았을 것이다. 그는 날카로운 안목에도 불구하고, 순진하게도 우리와 가까운 자들이 우리가 세우는 동상의 최대 적이라는 사실을 알지 못했다.

공화국, 그 나약한 자들의 천국에서는 정치인이 법에 순종하는 자잘한 폭군들이다. 그러나 힘센 정치인은 법을 따르지 않거나 자신이 만든 법만 따른다. 그가 하는 일은 차마 뭐라고 할 수 없는 것들이다. 최후통첩이 최고 경력이고 명예라고 생각한다. 한 번이든 여러 번이든 이번이 최후라고 경계를 내리는 것은 분명 쾌감을 주는 일이다. 그에 비하면 다른 일은 실속 없는 겉치레다. 전례 없이 대담하고 뒤따를 공격보다 더 악랄한 도발을 하고 싶은 생각이 없다면 무슨 일을 지휘한다고 나설 수 없다. "얼마나 많은 최후통첩의 죄를 저질렀는가?" 국가 원수에게 해야 하는 질문일 것이다. 재임 중에 한 번도 하지 않았다고? 역사는 그를 경멸한다. 역사는 공포의 장에서만 기운이 넘친다. 관용과 자유주의의 장에서는 심심해한다. 자유주의 체제에서는 인간의 성격이 유약해진다. 기운 빠진 선동가 정도가 가장 극성스러운 인간이다.

절대 지배의 꿈을 꾸어본 적이 없고 자기 안에서 시간이 소용돌이치는 것을 느껴보지 못한 사람은 측은하다. 내게 아흐리만(고대 페르시아에 존재한 악의 세계로, 다른 이름은 사탄 ― 옮긴이)이 원칙이자 우상이었던 시절 나는 야만성에 목말라했다. 내 안에서는 유목민 무리가 아우성치며 싸우고 있었다. 지금 와서 내가 겸손해졌어도 소용없다. 나는 여전히 폭군들 앞에서 약하다. 아직도 종교인이나 예언자들보다 폭군들이 더 좋다. 그들은 그럴싸한 구호로 자신을 감추지 않는다. 그들의 권위는 불확실하고, 그들의 욕망은 자기 파괴적이다. 반면에 종교인과 예언자들은 끝없는 욕망을 불태우고 있으면서도 목적을 거짓 계명으로 위장한다. 시민들을 무시하고 시민들의 양심 위에 군림하며 독점하고 뿌리를 박아 계속 피해를 준다. 그러면서도 받아 마땅한 비난, 예컨대 무례하다 혹은 사디스트다는 비난도 받지 않는다. 부처, 예수, 무함마드에 비하면 정복자들의 힘은 아무것도 아니다. 종교에서 찾으려 하지 않는다면 영광에 대한 생각을 버려라. 그러나 인간은 빨리 포기하지 않는다. 갈라져 나와 종파를 만든다. 한 단계 낮은 차원의 종교 창시자들이다. 파급 효과를 생각하면 루터나 칼뱅(1509~1564. 프랑스의 종교 개혁가로 금욕의 윤리와 같은 엄한 규율을 만들었다 — 옮긴이)은 카를 5세나 펠리페 2세(신성로마제국 카를 5세의 아들로 에스파냐 사상 최대의 번영을 이루었으나, 네덜란드 독립 전쟁에서 패배해 국운이 쇠퇴하는 계기를 만들었다 — 옮긴이)와 같은 정복자들을 능가한다. 그들이 일으킨 갈등은 아직도 해결되지 않고 있다. 정신적 독재는 정치적 독재보다 교묘하다. 분란을 일으킬 여지가 더 많다. 이름을 남기고 싶으면 제국보다는 교회 쪽으로 진출해야 할 것이다. 새 신자들은 당신의 운명이나 변덕에 종속되어 있을 것이고, 열성 신자들은 당신이 내키는 대로 구원하고 함부로 다룰 수 있을 것이다.

종파의 지도자들은 거리낌이 없다. 의구심도 전략의 하

나다. 극단적 경우인 종파까지는 아니어도, 단순히 수도회만 설립하더라도 도시를 좌지우지하거나 총칼로 어딘가 정복하는 것보다 더 낫다. 정신세계에 스며들어 비밀을 알게 되고, 인격의 유일성을 제거해버리고, 침범해서는 안 되는 특권인 '내면세계'를 빼앗을 수 있다. 어떤 폭군이나 정복자의 목표가 그렇게 높았던가? 종교적 전략은 정치적 전략보다 더 교묘하다. 더 의심스럽다. 초연하게 보이지만 교활한 루터의 《참회록》과 솔직하고 단도직입적인 마키아벨리의 《군주론》을 비교해보면, 고해실의 권모술수와 정치 사무국이나 왕의 집무실의 권모술수 사이에 거리가 있다는 것을 알 수 있다.

종교 지도자들은 권력욕을 강하게 느낄수록 다른 사람들의 권력욕을 억제하는 데 심혈을 기울인다. 이유가 있다. 누구라도 독자적으로 공간을 차지하고 주인이라고 주장할 수 있기 때문이다. 완벽한 사회를 만들려면 구속복을 유행시키든지 의무화해야 할 것이다. 인간은 움직였다 하면 나쁜 짓을 한다. 종교는 인간이 가진 권력 강박을 치료하고 욕망을 정치 외의 방향으로 유도한다는 점에서 권위주의 정치체제와 통한다. 방법은 다르지만, 인간의 선천적 과대망상을 꺾고 길들이려고 하는 것이다. 지금까지는 금욕주의가 우리의 본성을 억제하는 데 성공했고 종교의 신용을 높여주었다. 그런데 이제는 힘을 쓰지 못한다. 인간은 사슬과 미신에서 완전히 풀려났다. 해방은 위험한 것이었다. 어떤 방법으로도 인간을 다스릴 수 없게 되었다. 그리고 인간 스스로 두려움에서 벗어났다. 그러나 인간이 원하는 목표인 완전한 자유는 다시 출발점으로 돌아간다. 즉 처음 노예 상태로 돌아가는 것이다. 발달한 사회가 취약한 것은 바로 그 때문이다. 우상이나 이상도 없고 위태로울 만큼 열정도 없으며, 유기적으로 결속되지 않은 무정형의 대중 집단이 있을 뿐이다. 집단은 변덕을 부리고 발작하고 당황한다. 그리고 통제 상태가 안전과 독단적 신념을 가져다주기를 바라게 된다. 그것이 남은 능력으로 바랄 수 있는 유일한 꿈이다. 더 이상 운명을 책임질 수 없는 사회는 미발달 사회보다 더 폭정을 원하고 그 방향으로 일을 꾸민다. 쓸데없이 그들을 괴롭혀온 텅 비고 지친 권력욕의 마지막 찌꺼기를 털어버리고 싶어 하는 것이다.

폭군이 없는 세상은 표범이나 하이에나가 없는 동물원처럼 따분할 것이다. 우리가 두렵게 기다리고 있는 지배자는 썩는 것을 즐기는 자가 될 것이고, 우리는 그 앞에서 모두 시체 꼴을 할 것이다. 우리의 냄새를 맡으며 그 냄새 속에서 뒹굴어라! 벌써 새로운 냄새가 우주를 떠도는 것 같다.

매 순간 자신을 감시해야 정치적 유혹에 넘어가지 않는다. 어떻게 성공할 수 있을까? 민주주의 정치에는 중대한 결함이 있다. 아무나 권력을 가지고 싶어 한다. 아무나 마음껏 야심을 펼치게 내버려 둔다. 어떻게 유혹에 넘어가지 않겠는가? 허풍 떠는 사람들이나 쓸데없이 말이 많은 자들 천지다. 진정한 열의도 없고 이기지도 지지도 못하면서 운명에도 관심이 없는, 그저 그런 정신 나간 사람들 천지다. 우리의 자유를 허락하고 보장하는 것은 사실 무가치한 사람들이다. 뛰어난 인물은 우리의 자유를 위협한다. 공화정에 긍지를 가지고 있다면 출중한 인물이 나타날 때 정신을 차리고 경계해야 한다. 추방하든지 아니면 적어도 그를 둘러싼 신화가 만들어지는 것을 막아야 한다. 그렇게 할 것인가? 닥친 재난으로 정신이 흐려진 공화정 사람들은 공화정이라는 제도도 존재 이유도 믿지 않는다. 법을 만든다고 허둥댄다. 법은 위험한 자들을 보호하며 공화정의 소멸을 권하고 준비한다. 공화정은 관용이 넘쳐 적을 배려하지만, 적은 공화정을 배려하지 않는다. 공화정은 신화를 허용한다. 그리고 신화는 공화정을 침식하고 파괴한다. 사형집행자의 달콤한 말에 넘어간 것이다. 공화정을 존속시킬 가치가 있는가? 출발 원칙 자체에 이미 파산 선고가 들어 있지 않은가? 자유의 비극적 역설은 하찮은 인간들만이 자유를 행사할 수 있게 하지만 자유를 지속시키지 못한다는 것이다. 그들의 하찮음 덕분에 모든 것을 가질 수 있지만, 그 하찮음 때문에 모든 것을 잃는 것이다. 하찮은 인간들은 늘 그렇듯 책임을 다하지 못한다. 폭군들을 열렬히 사랑했던 시절 내가 증오했던 것이 바로 그 하찮음이었다. 폭군들은 풍자되는 모습 그대로가 아니다. 꼭 이야기해야 한다. 그들의 출현은 운명적이다. 너무나 운명적이다. 내가 그들을 숭배했던 것은 지휘관 기질을 갖고 태어나 대화나 논쟁에 비굴하게 말려들지 않기 때문이었다. 그들은 명령을 내리고 법을 공포한다. 자신들 행위의 정당성을 찾지도 않는다. 그리고 비웃는다. 바로 이 비웃음이 모든 미덕과 모든 부도덕을 앞서며 폭군들과 나머지 인간을 구분하게 하는 우월감, 위엄의 표시일 것이다. 행동으로 그들의 수준을 맞출 수 없었던 나는 말, 궤변과 비상식으로 수준을 맞추고 싶었다. 그들은 권력으로 악랄해지고 나는 정신적 방식으로 악랄해졌다. 말로 휩쓸어버리고, 세상을 폭발시키고, 함께 폭발해 그 파편 아래 주저앉아보자! 엉뚱한 망상, 내 하루하루에 생기를 주는 모든 것에서 좌절한 후 나는 어떤 도시를 꿈꾸게 되었다. 경이로운 중용의 세계다. 욕망도 후회나 의심도 사라지고, 노쇠한 상태를 잘 활용할 정도 정신만 남은 약간 노망이 든 80대 노인들로 구성된 집단이 이끄는 도시다. 기계적 친절 정도 베푸는 노인들은 균형과 공공이익을 너무나도 염려하는 나머지 미소 짓는 것도 사회를 전복하려는 의도가 있는 몰상식한 일이라고 생각한다. 삐뚤어진 현재 내 생각으로는 민주주의자들이 너무 야심이 많고 너무 망상에 빠져 있다. 폭정에 대한 그들의 증오가 순수하다면 동조하겠다. 하지만 그들이 폭정을 증오하는 이유는 자신들을 사생활에 밀어 넣고 허무함과 마주하게 한다는 것뿐이다. 그들이 유일하게 과시할 수 있는 것을 실패했다는 것이다. 무엇이든 청산하는 것이 그들에게 맞는 작업이다. 그들도 만족한다. 훌륭하게 처리한다면 존경을 받을 만하다. 그러나 한 나라를 파산시키려면 특수한 능력과 훈련이 필요하다. 그리고 상황이 맞아야 한다. 그래야 작업이 수월해진다. 이는 몰락한 나라들이 증명한다. 내적 자원이 소진되고 해결할 수 없는 문제와 여론 그리고 상호 모순된 경향에 휘말려 분열하며 멸망한다. 고대 그리스가 바로 그랬다. 실패라는 말이 나왔으니 말이지만 고대 그리스의 실패는 완벽했다. 마치 모델이 되어 후세에 같은 시도를 하지 못하도록 노력한 것 같다. 기원전 3세기부터 그리스는 생기를 잃었다. 신들이 비틀거렸다. 정치는 마케도니아파와 로마파로 양분되어 반목했다. 그리스는 위기를 극복하고 자유의 저주에서 벗어나기 위해 외세에 도움을 청해야 했다. 그리고 오백 년간 로마의 지배를 받았다.

세련되고 부패한 높은 수준의 문명이 그렇게 하도록 떠밀었다. 그들의 다신주의 종교가 이야깃거리로 떨어지고, 종교적 본바탕이 상실되면서 그와 한 짝인 정치의 본바탕을 잃게 되었다. 신들을 의심한다는 것은 곧 자신들이 책임지고 있는 도시를 의심하는 것이다. 그리스는 신들을 잃고 살아남을 수 없었다. 로마도 그들의 신을 잃고 결국 살아남지 못했다. 그리스인들이 종교적 감각과 함께 정치적 감각을 상실했다는 것은 전쟁 기간에 그들이 보인 반응을 살펴보면 알 수 있다. 항상 지는 편과 연합했다. 카이사르에 맞서 폼페이우스(BC 106~BC 48. 고대 로마공화정 말의 장군이자 정치가. 후에 카이사르와 대립해 패하여 암살되었다 — 옮긴이)와 동맹을 맺고, 옥타비아누스(BC 63~AD 14. 로마제국의 1대 황제로 황금시대를 이룩했다 — 옮긴이)와 안토니우스(BC 83~BC 30. 고대 로마의 군인이자 정치가. 악티움 해전에서 옥타비아누스에게 패했다 — 옮긴이)에 맞서 브루투스(BC 85~BC 42. 로마의 정치가. 카이사르를 암살한 후 동방으로 세력을 뻗었으나 안토니우스, 옥타비아누스와의 싸움에서 패하여 자살하였다 — 옮긴이)와 동맹을 맺었으며, 옥타비아누스에 맞서 안토니우스와 동맹을 맺었다. 불운의 연속이었다. 마치 실패에서 안정을 찾고, 돌이킬 수 없는 상황에서 안락과 위안을 찾았던 것 같다. 나라가 신에 염증을 느껴서인지 신이 나라에 염증을 느껴서인지 정치가 안정될수록 쉽게 멸망한다. 시민들이 똑똑해지면 그 대가로 체제는 약해진다. 시민들이 체제를 더 이상 믿지 않게 되어 체제를 지킬 수 없게 된다. 고대 그리스인들과 접촉한 로마인들은 결국 문명화되었다. 공화정의 최후가 멀지 않았다. 체념하고 독재정치를 받아들였다. 아마도 은밀하게 불러들였을 것이다. 집단의 피로가 공모하지 않으면 루비콘강(이탈리아 북부 리미니 부근에서 아드리아해로 흘러드는 강. 로마공화정 시대 이탈리아와 갈리아와의 경계로, 이탈리아로 입국할 때 여기서 군대의 지휘권을 포기하는 관습이 있었다 — 옮긴이)을 건널 수 없다.

모든 정치체제에 내재한 멸망의 원칙은 독재에서보다 공화정에서 더 숨김없이 드러난다. 독재정치는 멸망의 원칙을 부정하고 감추지만, 공화정은 공개적으로 알려준다. 독재정치는 그런 방식으로 장기간 거드름 피우는 집권 시기를 확보

한다. 독재정치는 사건을 원하고 만들어내지만, 공화정은 사건이 없이 유지되기를 바란다. 자유란 비어 있는 상태다. 그리고 그 상태는 변한다. 특히 시민들이 자율적으로 존재하는 노역에 지쳐서 자신을 포기하고 소심해지면서 노예 상태를 그리워하게 되는 때 그렇다. 공화정이 탈진해 파산한 것보다 참담한 일은 없다. 슬픈 노래를 부를 때나 묘비명을 읽을 때처럼 말해야 한다. 더 나은 방법은 《법의 정신》(1748년 프랑스의 몽테스키외가 쓴 정치학서. 여러 나라의 법제도를 논하고 그 제도들에 공통된 법의 정신을 탐구한 책 - 옮긴이)을 이야기하는 것이다. "장군 술라가 로마에 자유를 돌려주려고 했을 때 로마는 받을 수 없었다. 예전의 기백은 찌꺼기만 겨우 남아 있었다. 그리고 계속해서 줄어들기만 했다. 카이사르, 티베리우스, 칼리굴라, 클라우디우스, 네로, 도미티아누스… 황제들의 집권이 끝날 때마다 노예 상태는 더 심해졌다. 폭군들은 타격을 받았지만, 폭정은 전혀 타격을 받지 않았다." 우리는 폭정에 맛을 들일 수 있다. 자율적으로 존재해야 하는 고뇌와 마주치는 것보다 차라리 두려움 속에 웅크리고 있는 것을 더 좋아할 수도 있다. 현상이 일반화되면 카이사르 같은 자들이 나타난다. 그들을 어떻게 비난하겠는가? 비참한 욕망과 비겁한 애원에 대답하고 있지 않은가? 오히려 박수를 쳐야 한다. 그들은 살인을 향해 달려간다. 끊임없이 살인을 생각한다. 잔혹해지고 비열해진다. 정신을 집중한 나머지 눈에 덜 띄면서 좀 더 편하고 견딜 만한 자살이나 추방 같은 방법은 까맣게 잊어버린다. 가장 어려운 방법을 선택했으니, 정해지지 않은 기간 동안 혼돈을 유지하든 진압하든 어쨌든 번창할 것이다. 독재가 나타나기 좋은 시대는 문명의 주기가 끝나는 시기다. 고대에는 자명한 진리였으며 현대에도 마찬가지다. 세계는 지금 기원후 첫 몇 세기 동안 만연했던 폭정보다 더 강력한 폭정을 향해 곧장 돌진하고 있다. 현시대에 이르는 역사적 과정을 간단히 살펴보면 독재가 자유를 희생하는 과정이라는 것을 알 수 있다. 여러 대륙이 합쳐지고 통일된다면 대화를 통한 설득이 아니라 힘의 개입으로 이루어지는 것이다. 미래 제국은 로마제국처럼 칼로 창건될 것이다. 우리는 모두가 협력할 것이다. 우리의 공포심이 그렇게 하도록 요구하기 때문이다.

헛소리라고 비난한다면 실상 성급한 속단일 수도 있다고 대답하겠다. 시기는 중요하지 않다. 초기 기독교인들은 매 순간 세계 종말을 기다렸다. 몇천 년을 착각했을 뿐이다. 전혀 다른 성격의 기다림이지만 나도 시간을 착각할 수 있다. 미래 비전은 확인할 수도 없고 증명할 수도 없다. 미래 폭정이라는 비전은 너무나 확실하게 나를 압도해서 증거를 제시하는 것도 모욕적이다. 전율을 일으키는 자명한 이치다. 열성 신도의 감동과 수학자의 확신을 가지고 주장한다. 헛소리를 하는 것도 아니고 착각을 하는 것도 아니다. "그늘진 마음이 나를 감싼다." 키츠(1795~1821. 영국의 시인 ─ 옮긴이)의 이 구절은 입 밖에 낼 수 없다. 오히려 정확하고 견딜 수 없이 눈이 부신 빛이 나를 감싼다. 세계 종말을 생각하는 것은 아니다. 그것은 헛소리다. 어떤 문화 양식 그리고 존재 방식이 종말을 고할 것으로 생각한다. 시야를 가까운 장래 그리고 유럽에 국한해보자. 유럽의 통일은 여러 사람이 생각하듯 열성적인 합의로 이루어지지 않을 것이다. 제국 성립의 법칙에 따라 폭력적으로 이루어질 것이다. 질투와 촌스러운 고정관념에서 질퍽거리고 있는 늙은 국가들이 거기서 벗어나 해방되려면 철갑 손이 강제해야 한다. 결코 자발적으로 따르지 않을 것이다. 일단 굴복하면 수모와 굴종 속에서 하나가 되어, 새 지도자의 세심하고 조롱에 찬 시선을 받으며 초국가적인 사업에 전념할 것이다. 뛰어난 노예 생활을 할 것이다. 열과 성을 다해 남아 있는 재능을 바칠 것이다. 대가를 비싸게 치르며 우수한 노예 생활을 할 것이다.

유럽은 그렇게 시대를 앞서가며, 늘 그랬듯 전 세계의 본보기가 될 것이다. 주인공의 역할과 희생자의 역할을 하며 명성을 쌓을 것이다. 유럽의 임무는 나머지 세계가 겪게 될 시련을 예고하고, 먼저 고통당하는 것이다. 자신들을 진화의 모델로 보여주어 나머지 세계가 각자 독자적 진화를 할 필요가 없게 해주는 것이다. 자신을 소비할수록 유럽은 괴로워하며 동요할 것이다. 나머지 세계 사람들은 유럽이 지쳐 쓰레기밖에 더 이상 남길 것이 없게 되는 날까지 유럽에 계속 시선을 보낼 것이다.

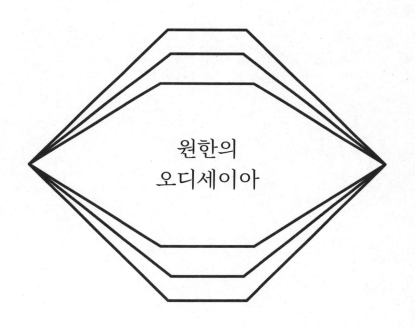

원한의
오디세이아

잠 못 이루는 밤 의식이 가장 명료할 때면 우리는 원한의 대상을 상상한다. 갈기갈기 찢고, 눈과 내장을 뽑아버리고, 피를 짜서 비우고, 여러 기관을 짓밟고 으깨버린다. 그리고 자선을 베풀어 해골만 남겨두는 양보를 하고 진정한 뒤, 지쳐서 잠에 빠져든다. 다음 날 밤 힘센 헤라클레스라도 용기를 잃게 할 악착스럽고 세심한 작업을 다시 하려면 기운을 회복해야 한다. 원수가 있다는 것은 진정 쉬운 일이 아니다.

만일 우리가 낮에 흉악한 성질을 마음껏 부릴 수 있다면, 밤에 지는 부담이 줄어들 것이다. 행복은 둘째고 적어도 정신적 균형을 잡으려면 매일 다른 인간을 숱하게 처리해야 한다. 본보기는 운이 좋았던 먼 옛날 조상들이다. 조상들이 그렇게 운이 좋은 것도 아니었다고 반론을 제기할 것이다. 동굴 시대에는 인구 밀도가 낮아 서로 죽일 기회가 많지 않았다고. 좋다! 그러나 다른 일거리가 있었다. 그래서 운이 좋았다는 것이다. 하루 중 아무 때나 동족을 잡는다고 생각하고 야생동물을 사냥하면 되는 것이다. 피 냄새를 맡으면서 욕망을 달랠 수 있었다. 잔인한 계획을 감출 필요도 미룰 필요도 없었다. 그러나 우리는 잔인성을 감시하고 억제하며 우리 안에서 고통스러워 신음하게 두도록 선고받았다. 기회를 기다리며 보복을 연기하든지 포기해야 한다.

아예 보복하지 않는 것은 용서에 말려들어 깊이 빠지는 것이다. 그러면 나는 증오심으로 오염된다. 원수를 더 이상 증오하지 않겠다고 결심하면 강박관념이 된다. 불안해진다. 원수가 굴러떨어지게 만드는 일에 도움을 주었거나 참가했을 때, 그리고 추악한 마지막 모습을 보았을 때나 완전하게 용서할 수 있다. 시체를 보게 되면 최상의 화해를 할 수 있다. 그러나 그런 행운은 거의 없다. 기대하지 않는 것이 낫다. 원수는 결코 바닥에 쓰러지지 않는다. 항상 당당하게 똑바로서 있다. 우리 앞에 마주 서서 우리의 소심한 조롱을 대담하게 비웃는다.

자신의 원시성에, 본바탕의 부름에 의무적으로 저항해야 하는 것은 불행한 일이다. 미소만 지어야 하는 처지에 있는 문명인은 고통스럽다. 예절과 위선에 묶여 원수를 때려눕힐 무기라고는 말밖에 없다. 몸을 쓰지 못하고 언어, 그 보이지 않는 칼로만 상대를 베어야 하는 것에 절망하면서 독설을 토한다. 잔인성의 길은 여러 갈래다. 대화가 정글을 대신한다. 동족을 즉시 해치지 않으면서 동물성을 소모한다. 만일 변덕스러운 저주로 인간이 말을 못 하게 되면 어떤 인간도 안전하지 못할 것이다. 인간은 피에 흐르는 살인의 욕망을 정신적 차원으로 옮기는 데 성공했다. 이 곡예 덕분에 인간 사회가 가능하고 유지된다. 그러나 원죄의 타락과 살의까지 누르고 승리했다고 자신할 수 있을까? 언어의 효능을 잘못 생각하는 것이고 언어의 권위를 과장하는 것이다. 물려받은 잔인성은 그렇게 쉽게 길들여지지 않는다. 완전히 몰입해서 소모하지 않는 한, 가장 은밀한 곳에 남아 있어 빠져나온다는 것이 거의 불가능하다. 전형적인 살인자는 범죄를 곰곰이 생각하고 준비해서 실행한다. 실행하면서 잠시 충동에서 해방된다. 욕망을 느끼면서도 실행할 수 없어 살인하지 못하는 인간도 있다. 뜻을 이루지 못한 이 우유부단하고 처량한 잠재 살인자는 머릿속으로 끝없이 범죄를 저지른다. 기다리고 기다리면서 살인을 실행한 자보다 더 고통을 받는다. 저지를 수 없었던 포악한 행위를 애석해하며 그 감정을 질질 끌고 다닌다. 마찬가지로, 감히 보복하지 못한 사람도 살의를 품고 산다. 소심한 자신을 저주하며 용서는 반자연적 행위라고 저주한다. 보복이 항상 기분 좋은 일은 아니다. 일단 저지르고 나면 자신이 희생자보다 열등하다고 느끼게 된다. 아니면 엉뚱한 후회로 혼란에 빠진다. 보복은 인간의 본성과 감정 그리고 개별 논리에는 맞지만 독성이 있다. 그래도 용서보다는 건강에 좋다. 제우스를 포함한 모든 신들 가운데 처음으로 출현한 것은 복수의 세 여신이었다. 복수의 신이 모든 신들보다 먼저 생겼다. 고대 신화의 통찰력은 날카롭다.

　힘이 없어서, 기회가 없어서 아니면 실속 없이 관대해서 원수들의 술수에 대응하지 못한 사람의 얼굴에는 분노를 억누른 흔적이 있다. 오욕과 굴욕의 상처가 있고 용서했다는 불명예가 남아 있다. 때리지 못한 따귀는 자신에게 거꾸로 돌아와 한꺼번에 얼굴을 때리며 비겁했다는 것을 알려준다. 생각을 떨쳐내지 못하고 방황하며 수치심 속으로 물러난다. 노여워하고 억지를 부리며 폭발 직전 상태에 돌입한다. 폭발하지 않으려고 초인적인 노력을 기울인다. 참을성이 없을수록 자신을 숨겨야 한다. 뜻대로 되지 않으면 드디어 폭발한다. 부질없고 어리석은 폭발이다. 조롱거리가 될 뿐이다. 분노하고 침묵한 시간이 너무 길어 결정적 순간에는 적 앞에서 힘을 잃고 기세를 잃는다. 그렇게 실패하면 원한은 더 커진다. 아무리 하잘것없는 일이라도 겪을 때마다 쓰라리고 괴롭다.

인간이 온화해지고 좋은 사람이 되려면 자신의 가장 괜찮은 부분을 망가트려야 한다. 신체는 빈혈에 익숙해져야 하고 정신은 잊어버리는 데 익숙해져야 한다. 기억의 그림자가 남아 있으면 본능과 용서하려는 마음이 갈등한다. 자신에게 해롭다. 기억력을 높여주고, 과거와 이어주며, 우리의 일관성을 보장하는 것은 나쁜 속성들이다. 우리에게 맞는다. 우리의 상상력이 작동하는 것은 다른 사람의 불행을 기다릴 때, 화가 솟구칠 때, 범죄를 저지르거나 아니면 저지를 생각을 하고 있을 때뿐이다. 사람의 몸이 불결한 역병처럼 퍼지고 있는 지구 위에서는 달리 방법이 없다. 가는 곳마다 사람과 부딪힌다. 어디서나 지긋지긋하게 부딪히면서 당황하고 몸부림치며 답답함에 속이 *타들어* 간다. 예전 공간이 덜 혼잡하고 인간으로 인한 오염이 덜했을 때 일부 사이비 종교들이 거세를 권고하고 실행하게 했다. 틀림없이 구원의 계시를 받은 것이다. 가혹한 역설은 그 어느 때보다 그들의 교리가 적절하고 쓸모가 있을 때 사라져버렸다는 것이다. 인간은 번식의 마니아다. 그러나 유통기한이 지난 얼굴을 하고 두 발을 가진 짐승인 인간은 서로가 서로를 끌어당기는 매력을 잃었다. 최대 몇천 명 정도 사는 반(半)사막에서나 옛 위신을 되찾을 수 있을 것이다. 인간의 수적 증가는 염치없는 수준이다. 이웃을 사랑해야 하는 의무는 이상한 일이다. 우리의 모든 생각은 인간 존재로 오염되어 있다. 사람의 냄새를 풍긴다.

거기서 빠져나오지 못하고 있다. 악취가 진동해 정신이 질식당하고 있다. 유독하고 불쾌한 동물 냄새 때문에 다른 생각이 끼어들 여지가 없는 우리의 머리로 무슨 진실을 밝히겠는가? 무슨 새로운 발견에 도달할 수 있겠는가? 너무 약해서 선전포고를 하지 못하는 사람들이 잊지 말아야 하는 일이 하나 있다. 열렬한 기도 중에 노아의 홍수보다 더 격렬한 제2의 홍수가 내려지기를 간구하는 것이다.

사람을 알게 되면 사랑이 사라진다. 우리 자신의 비밀을 파고들수록 다른 사람들을 싫어하게 된다. 우리를 닮았기 때문이다. 자신에 대한 환상이 없으면 다른 사람에 대한 환상도 없다. 자신을 들여다볼 때 보이는 저속함이 나머지 사람들에게도 있다고 생각하는데, 그 일반화가 틀리지 않는다. 본바탕이 사악하므로 온갖 나쁜 짓을 가정해도 잘못이 아니다. 그런데 이상하게도 대부분 사람은 자신에게서나 다른 사람에게서 나쁜 속성을 찾아내고 가려내는 것을 잘하지 못한다. 그렇게 하는 것을 주저하기도 한다. 나쁜 짓을 하는 것은 쉬운 일이다. 모두가 한다. 그렇지만 자신이 나쁘다고 수긍

하고 냉정하게 현실을 인정하는 경우는 별로 없다. 실제로는 나쁜 짓을 하면서 이론적으로는 아니라고 믿는다. 나쁜 짓을 실제 하는 것과 나쁜 짓을 생각하는 것은 별개의 두 행위다. 인간의 본성을 따라야 한다는 견유주의를 실천하는 것과 추상적으로 생각하는 것은 차원이 전혀 다르다. 마음을 달래주는 철학에 귀를 기울이고 선을 믿으며 선을 신처럼 떠받드는 자들을 경계해야 한다. 정직하게 자신을 살피고 밑바닥에서 풍기는 악취를 맡았다면 그렇게 할 수 없었을 것이다. 주의가 부족해서든 운이 없어서든 자기 존재의 가장 깊숙한 곳까지 잠겨본 경험이 있는 사람이 별로 없기는 하지만 그들은 인간이란 어떤 존재인지 알고 있다. 더 이상 인간을 사랑할 수 없다. 자기 자신을 사랑하지 않기 때문이다. 그렇지만 이전보다 더 자신에게 집착한다. 이것이 그들이 받는 벌이다.

자신과 다른 사람들에 대한 믿음을 간직할 수 있도록, 어떤 행동이든 무가치하고 헛되다는 것을 깨닫지 못하도록 자연은 우리를 배려했다. 우리가 자신을 잘 모르게 만든 것이다. 맹목적으로 만들어진 세상이 굴러가는 대로 따르게 한 것이다. 우리가 자신을 철저히 알려고 노력하면 혐오감으로 마비될 것이고, 무미건조한 생활을 하게 될 것이다. 소크라테스는 자신을 아는 것과 행동하는 것이 상호 모순이라는 것을 몰랐던 것 같다. 그렇지 않다면 인간을 아는 교육자로서 "너 자신을 알라"는 신탁을 감히 선택할 수 있었겠는가? 그 말이 담고 있는, 그 말이 권하고 있는 자포자기의 구렁텅이를 몰랐기 때문이었다.

인간이 자기 의지를 갖고 고집부리는 한(루시퍼(사탄의 우두머리 — 옮긴이)는 그래서 비난 받았다) 보복은 절대명령이다. 보복은 동질성의 세계에서는 의미가 없다. 그러나 다양성의 세계에서는 구조적으로 필요하다. 나를 규정하는 데 필요하다. "우리는 유일자 안에서 숨을 쉰다." 만일 플로티노스(205~270. 고대 로마의 철학자 — 옮긴이)가 했던 이 말이 사실이라면 보복이 필요 없다. 모든 차이가 사라진 곳, 분간할 수 없이 하나가 되어 나의 윤곽이 없는 곳에서 무슨 보복인가? 사실 우리가 숨을 쉬고 있는 것은 다양성 속에서다. 세상은 "나"의 세계다. 그러나 "나"를 통한 구원은 없다. 존재한다는 것은 감각을 따르는 것이고, 자기 생각을 따르는 것이다. 거기서 알지 못함(아울러 그 직접적 결과인 보복)이 나온다. 알지 못함은 우리가 환영을 쫓는 원칙이며, 우리 인생역정의 근원이다. 우리는 자신에게서 벗어나려고 할수록 점점 더 깊이 빠진다. 자신을 허물어버리려고 해도 소용없다. 성공했다고 생각하는 순간 더 선명하게 보인다. 우리가 자신을 망가트리겠다고 하는 일마다 나에게 힘을 더해주고 나를 강하게 한다. 그 힘과 사악함이 나를 기쁨 속에서보다 고통 속에서 더 잘 확장하게 만든다. 나는 그렇다. 나의 행위도 그렇다. 나의 행위에서 벗어났다고 믿을 때 더 깊이 박힌다. 흉내만 내도 우리는 지배당하고 예속된다. 설득되었든 마지못해 응했든 우리는 결국 동조한다. 속아 넘어가거나 노예가 된다. 다양성, "나", 그리고 이름과 관련돼 있지 않으면 어떤 사람도 행동하지 않는다. 행동한다는 것은 절대성을 포기하는 것이다.

솔직하게 말하자면 행위의 가치를 결정하는 것은 악덕이다. 미덕보다 악덕이 생활에서 차지하는 부분이 더 크다. 삶의 명분이나, 특히 역사의 명분에 동의한다면 최고로 유용한 것이 악덕이다. 우리는 악덕 덕분에 일에 매달리며 훌륭하게 처신한다. 악덕은 우리의 조건과 뗄 수 없다. 허수아비가 아닌 이상 악덕이 없는 사람은 없다. 악덕을 없애겠다고 하는 것은 본성을 거스르고 한창 전투 중에 무기를 버리는 것이다. 다른 사람 앞에서 신용이 떨어지는 것이고, 영원히 텅 빈 인간으로 남는 것이다. 인색한 사람은 부러워할 가치가 있다. 가진 돈 때문이 아니라 인색 그 자체 때문이다. 인색함이 그의 보물이다. 어떤 개인을 현실의 한 분야에 고정해놓고 뿌리 내리게 하는 것은 악덕이다. 악덕은 무슨 일이나 함부로 처리하지 않는다. 일거리를 주고 몰입하게 한다. 우리에게 정당성을 주고 주위 분위기에서 벗어나게 한다. 편집증, 착란, 탈선의 실용적 가치는 증명이 필요 없다. 야심이 서로 부딪히고 남보다 낫겠다는 욕망이 넘치는 지금 이 세상에서 사는 한, 사소한 악덕들이 훌륭한 미덕보다 효율이 높다. 행위가 지배하고 역동성이 지배하게 만드는 것은 인간들의 *정치적* 측면이다(정치라는 단어를 생물학의 완성이라는 의미로 사용한다). 자신을 안다는 것은 행위의 저질적 동기를 아는 것이고, 본성에 새겨진 고백할 수 없는 것들을 아는 것이며, 우리의 생산성을 좌우하는 드러난 혹은 드러나지 않은 단점을 아는 것이다. 천성의 바닥에서 나오는 모든 것은 힘이 있다. 낮은 데서 올라오는 것은 분발하게 한다. 점잖은 것이나 무사 무욕한 것보다는 질투와 탐욕이 우리를 더 생산적으로 만들고 노력하게 한다. 비생산적인 사람은 자신의 결함을 유지하거나 드러내려고 하지 않는다. 어떤 분야에서 두각을 나타내고 싶으면 성격에서 불만스러운 부분을 개발하고 편협성, 광신적이고 보복적인 성향을 소중하게 여겨야 한다. 왕성한 생산력은 음흉한 것이다. 순수해지고 싶다면, 투명한 내면을 갖고 싶다면 지체 없이 재능을 버리고 행동의 회로에서 이탈하여 세상 밖으로 나가시라. 종교의 언어를 빌리자면 "피조물들의 대화"를 포기하시라.

인격이 뛰어나다고 심각한 결함이 없는 것은 아니다. 오히려 더 심각한 결함이 있을 수 있다. 성자들이 어떤 잘못을 저질렀다고 자책하면 말 그대로 믿어야 한다. 성자들이 다른 사람들이 받는 고통에 관심을 기울이는 것은 그들에게 불리한 사실을 알려준다. 일반적 동정심도 그렇지만 그들의 동정심은 좋은 마음의 독이다. 감추고 있는 나쁜 원칙에서 효율성을 끌어내면서, 다른 사람들이 당하는 시련을 기꺼이 즐기고 그 독을 들이켜는 것이다. 성자들은 보이거나 예상되는 모든 고통에 덤벼든다. 지옥을 마치 약속의 땅처럼 동경하고 기다린다. 지옥이 없으면 동정심도 없다. 동정심 그 자체는 파괴적이지 않지만 모든 파괴적 요소를 이용한다. 동정심은 호의가 변질된 극단의 감정으로 결국 호의를 부정하게 된다. 우리보다는 성자들에게서 더욱 그렇다. 그 사실을 확인하려면 성자전을 탐독해보시라. 성자들은 우리가 죄악을 저지르면 서둘러 덤벼든다. 급격하게 타락하거나 끝없이 후회하는 것을 보고 싶어 한다. 우리가 저지르는 짓이 나쁜 것이 아니면 짜증을 낸다. 우리를 구원하기 위해 더 심하게 고통스러워하지 못하는 것이 유감이다.

인간은 아무리 높은 경지에 오르더라도 본성과 원죄에서 벗어나지 못한다. 원대한 포부를 가진 인간뿐 아니라 단순히 재능이 있는 인간도 당당하고 추악한 괴물들이다. 그들은 나쁜 짓을 계획하고 업적을 준비한다. 마치 범죄자처럼 남모르게 작업한다. 그들과 같은 길에 들어선 모두를 쓰러트려야 할 것이 아닌가? 인간이 활동하고 생산하는 목적은 단 하나, 경쟁 대상자 혹은 대상자 모두를 눌러버리는 것이다. 어떤 차원에서든 인간의 두뇌는 서로 싸우며 즐기고 도전하고 싶어 한다. 성자들도 질투하고 서로 배척한다. 신들도 그렇다. 올림포스산(그리스 최고봉으로, 고대 그리스 신화의 신들이 산다는 곳이다 - 옮긴이)에서 벌어지는 재난과 끊임없는 다툼이 증명한다. 나와 같은 분야, 같은 문제에 접근하는 인간은 나의 독창성, 특권, 존재의 유일성을 침해한다. 나의 헛된 꿈과 나의 기회를 빼앗는다. 그를 넘어트리거나 때려눕히거나, 아니면 최소한 헐뜯어야 하는 과제가 나의 할 일과 나의 운명을 결정한다. 우리 마음에 드는 사람들이란 자제심이 많고, 어떤 식으로든 자신을 드러내지 않는 사람들이다. 그러나 그것도 본보기가 될 수준에 도달하면 안 된다. 현자라도 인정을 받으면 질투를 자극하고 정당화한다. 게으름뱅이도 게으름으로 뛰어나 유명해진다면 화를 당할 위험이 있다. 자신에게 너무

관심을 집중시킨다. 이상적인 것은 적당히 겸손한 것이다. 거기에 도달하는 사람은 아무도 없다.

명예는 목표가 같았던 다른 사람들을 누르고 얻는 것이다. 평판도 수많은 부당한 일을 대가로 치르고 얻는 것이다. 무명에서 벗어났다고 하거나 벗어나려고 노력하고 있다는 것은 자신의 인생에 대해 회의하지 않는다는 것이다. 혹시 양심이 있다면 무시한 것이다. 이름 알리기를 포기하는 것은 활동 정지를 선고하는 것이다. 그러나 이름에 매달리는 것은 타락하는 것이다. 기도해야 할까 아니면 기도문을 말로 써야 할까? 그냥 살까 아니면 나를 말로 표현해야 할까? 확실한 것은 본성 안에 있는 성장의 원칙 때문에 다른 사람의 잘한 행동을 우리에 대한 타격으로 보게 되고, 도전의 연속처럼 보게 된다는 것이다. 만일 우리에게 명예가 금지되었거나 접근할 수 없다면, 그것은 명예를 얻은 자들의 탓이다. 그들이 얻은 명예는 우리에게서 빼앗은 것이다. 권리는 우리에게 있다. 빼앗은 자의 흉계가 없었다면 우리 것이 되었을 것이다. "명예는 사유재산보다 더 심한 도둑질이다." 불평분자의 상투적인 불평이고, 어느 정도는 우리 모두의 불평이다. 드문 일이지만 이름이 나지 않거나 이해받지 못하는 것을 좋아할 수도 있다. 그런데 잘 생각해보면 그것은 자만심이나 명예욕을 이겨냈다는 자부심이 아닌가? 평범하지 않은 명성을 얻고 대중의 박수갈채를 받지 않는 유명 인사가 되려는 욕망이 아닌가? 최고의 명예욕이다. 명예욕의 극치다.

지나친 말이 아니다. 욕망이다. 우리 감각에 뿌리가 있고 생물학적 요구에 맞으며, 내장에서 나는 소리에 공명하는 욕망이다. 거기서 주의를 돌려 빠져나오려면 자신의 무가치함에 대해 명상해야 한다. 쾌감 없는 날카로운 감정을 느껴야 한다. 아무것도 아니라는 확신을 조심하지 않으면 자칫 자기만족이나 자만에 빠질 수 있기 때문이다. 감각적으로 매달려야 자기 존재가 텅 비어 있다는 것을 알아차리고 오래 머물러 있을 수 있다. 행복은 무상하다는 것을 열심히 알려주는 데서 오는 행복감이 있다. 명예욕을 잘 알고 있으므로 명예에 대한 경멸을 말한다. 명예가 부질없다고 선언하는 바로 그 순간 거기에 추종하는 것이다. 구조적으로 우리 안에 있지만 정말 혐오스러운 욕망이다. 완전히 벗어나려면 몸과 정신을 마비시켜야 할 것이다. 돌처럼 감각이 없어져야 하고, 다른 사람들의 존재를 의식에서 쫓아내고 잊어버려야 할 것이다. 만족감으로 빛나는 존재가 있다는 단순한 사실만으로도 우리의 악령이 깨어나 그들을 쓸어버리라고, 그늘 밖으로 나가 그들의 광채를 덮으라고 명령할 것이기 때문이다.

우리는 우리와 같은 시대에 살기를 선택해서, 옆에서 같이 뛰며 앞서거나 걸음을 방해하는 사람들을 원망한다. 더 정확하게 말하면 모든 동시대 사람들이 혐오의 대상이다. 우리는 죽은 사람의 우월성은 별수 없이 인정하지만, 산 사람의 우월성은 결코 안 받아들인다. 존재 자체가 우리에게 비난이고 질책이다. 어지럼증을 일으키는 겸손을 요구한다. 우리를 능가하는 사람들이 아주 많다는 견디기 힘든 진실을 회피하기 위한 본능적인 혹은 절망적인 속임수가 있는데, 우리 자신만이 모든 재능을 가진 유일한 존재로서 특권을 가지고 있다고 생각하는 것이다. 경쟁자나 스승의 옆에 있으면 숨이 막힌다. 그들의 무덤 앞에 서 있다면 얼마나 좋겠는가? 제자들은 스승이 죽어야 해방되고 숨을 쉰다. 우리가 그런 존재로 머무는 한, 우리가 간절히 원하는 것이란 더 나은 재능이나 성과나 업적을 가진 모두의 몰락이다. 부러움과 흥분 속에서 그들의 마지막 시간이 오기를 초조하게 기다린다. 같은 분야에서 누군가 우리를 제치고 올라선다는 사실을 잊고 싶은 이유는 충분하다. 우리를 감탄하게 만들고, 은밀하고 괴로운 존경심을 갖게 만드는 것을 어떻게 용서할 수 있는가? 그가 자취를 감추고 멀리 가서 죽어버렸으면 얼마나 좋을 것인가? 우리가 고통도 나쁜 감정도 없이 그를 떠받들 수 있도록, 그래서 우리의 수난이 끝날 수 있도록!

그가 만일 질적으로 나쁜 사람이라면, 우리가 그 앞에서 아주 약하다는 것을 고마워하는 대신 속이고 싫어하거나 동정할 것이다. 너무 자신만만해서 부러워하는 사람의 입장이 얼마나 괴로운지, 그 때문에 감정이 어떻게 모순되게 변하는지 경험한 적이 없는 그는 그를 우러러 받드는 것이 우리가 우리 자신을 낮추겠다고 동의한 것이며, 그것을 보상해주어야 한다는 것을 눈치채지 못한다. 몰라서 그랬으리라 생각하지만, 우리의 유일성과 가치에 대한 나름의 즐거운 환상에 타격을 준 것을 잊을 수 없다. 경솔해서든 잘못 생각해서든 자신을 너무 오랫동안 떠받들도록 방치했으니, 이제는 그 결과를 받아들여야 한다. 힘없는 우리의 의지에 따라 진정한 신에서 가짜 신이 되고, 부당하게 우리의 시간을 빼앗은 것을 뉘우치는 처지가 된다. 아마도 우리는 어느 날인가 복수를 할 것이라고 기대하면서 그를 떠받들었는지도 모른다. 우리는 무릎을 꿇는 것을 좋아한다. 더 좋아하는 것은 그 앞에서 무릎을 꿇었던 사람을 부정하는 것이다. 누구를 파멸시키는 일은 활기를 주고 힘을 준다. 절박함이다. 치사한 감정의 확실한 실용성이 거기서 나온다. 시기심은 겁쟁이를 난폭자로, 멍청이를 호랑이로 만든다. 신경을 채찍질하고 피를 끓게 한다. 몸에 전율을 일으켜 축 늘어지지 못하게 하고, 아주 평범한 얼굴에 농축된 열기를 불어넣는다. 시기심이 없으면 사건도 없을 것이고 *세상도 없을 것이다.* 인간을 가능하게 하고 이름을 갖게 했던 것도 시기심이었고, 이름 없이 명예만 있는 천국에 반대하며 *타락*을 통해 위대함에 접근할 수 있게 했던 것도 시기심이었다. 인간도 그렇고 인간에게 모범을 보이며 가르침을 주는 타락한 천사도 그렇고, 천국에 적응하지 못했다. 숨을 쉬는 모두가, 움직이는 모두가 태초의 원죄를 증언한다. 우리는 사탄이 일으키는 소란과 영원히 연결되어 있다. 사탄은 시간의 주인이고 신의 가시적 얼굴이다. 신과 떼어낼 수 없다. 우리를 사로잡고 있는 폭력적 사탄은 우리가 흥분해서 서로 싸우게 함으로써 살아 있는 인간으로서 의무를 다하게 한다. 싸움은 한심하나 힘이 솟아나게 한다. 점잖은 동작을 버리고 파괴자로서의 역할을 깨달을 때마다 우리는 몽롱한 상태에서 벗어나 생기를 찾는다.

그와 정반대로, 존경심이란 기운을 소모하게 해 우리를 우울하게 만들고 결국은 용기를 꺾는다. 우리가 존경의 대상에게 등을 돌리는 것은 그 때문이다. 그의 수준까지 올라가는 노역을 우리에게 만들어준 것이 그의 잘못이다. 그러므로 충동으로 앞으로 나갔다가 뒤로 물러서는 것, 때때로 흥분했던 자신을 되돌아본다는 사실에 놀랄 필요가 없다. 우리에게는 보존 본능이 있어 질서와 자신에 대한 의무를 상기시켜준다. 우리는 침착해지고 다시 정신을 차린다. 우리가 누구를 존경하거나 치켜세우는 일을 멈추는 이유는 그 사람이 한 일이 어떤 것인지 문제가 되기 때문이 아니다. 그가 희생되어야만 우리가 올라갈 수 있기 때문이다. 남을 존중하는 능력이 말라버린 것은 아니지만 위기에 봉착하는 것이다. 우리는 변절의 마법과 열정에 몰입해 우상들을 하나하나 불러내어 파괴하고 던져버린다. 맹렬한 우상 파괴는 경멸스럽다. 그렇지만 우리의 능력을 작동시키는 매개체다.

원한은 예술적 영감의 저속한 그러므로 효과적인 동기다. 예술에도 원한이 있다. 철학도 마찬가지다. 생각한다, 그것은 교묘하게 보복하는 것이다. 검은 속내를 감추고 나쁜 충동을 은폐하는 것이다. 무엇을 받아들이지 않고, 무엇을 빼는가를 살펴보면 사고 체계란 재주 좋은 보복이다. 철학자들은 "강경파"들이다. 시인들도 그렇다. 무엇인가 할 말이 있는 사람들은 모두 그렇다. 미지근한 온건파들은 흔적을 남기지 못한다. 깊이나 통찰력이 부족해서가 아니라 공격력이 부족하기 때문이다. 그렇다고 공격력이 순수한 생명력인 것은 아니다. 생각이 많은 사람은 세상과의 대면에서 허약한 발육 부진아다. 생물학적으로 열등하다고 느끼며 고통스러워하는 만큼 더 심하게 말을 한다. 밀려날수록 삶을 손안에 넣고 마음대로 하고 싶어 하지만 성공하지 못한다. 행복을 좇기에는 너무 가진 것이 없다. 자존심이 너무 강해 행복을 찾을 수도, 포기할 수도 없다. 그는 현실적이면서 비현실적이고, 무서우면서도 힘이 없다. 야수와 유령이 혼재한다. 화가 난 사람은 비유법으로 산다.

원한이 조심스러우면서도 끈질기면, 그것만으로 개인의 무기가 된다. 성격이 약해지는 것은 대개 잘 잊어버리는 데서 온다. 성공의 비결 중 하나는 모욕을 잊지 않는 것이다. 신념이 강한 사람들이 예외 없이 가지고 있는 기술이다. 신념은 주로 증오심에서 온다. 사랑은 신념을 생기게 하는 두 번째 요인이다. 사랑하지도 미워하지도 못하고, 갈등에 빠지지도 못하는 사람은 할 일이 없다. 무기력 상태에서 벗어나 어떤 역할을 하고, 자기주장을 하고 싶다면 싸움 상대를 만들어 매달려야 한다. 잠들어 있는 잔인성을 깨우고, 경솔하게 무시했던 모욕의 기억을 되살려야 한다. 조금이라도 앞으로 나아가려면 조금이라도 치사해져야 한다. 단순한 일상생활도 마찬가지다. 존재 속에서 *버티고* 싶다면 치욕이라는 자원을 버리면 안 된다. 원한은 없어지지 않는다. 관리하고 보살펴주면 유약해지거나 메말라지는 것을 피할 수 있다. 사람이 아닌 사물에 대한 감정도 마찬가지다. 세상을 접하고, 현실에 눈을 뜨고, 나를 낮추어 이득을 보는 데는 원한보다 더 좋은 전략이 없다. 물리적 에너지가 없는 순수한 감정이란 용어 자체가 모순이다. 불가능한 허구다. 종교에서는 그런 감정이 있을 것이라고 가정해볼 수도 있겠지만 사실은 없다. 악이 없으면 존재할 생각이 들지 않을 것이고, 기도할 생각은 더 들지 않을 것이다. 우리가 신에게 매달리는 것은 대개 삶에 분노하며 보복하고 싶기 때문이다. 삶을 살지 않아도 되고, 신이라는 더 나은 것을 찾았다는 것을 보이기 위한 것이고, 다른 인간들에 대한 미움을 되돌려주기 위한 것이다. 의지할 다른 곳을 찾았으니 그들의 사회가 꼭 필요하지 않다는 것을 보여주고, 그들 앞에서 쩔쩔매지 않기 위해 신 앞에서 쩔쩔매고 있다는 것을 보여주고 싶은 것이다. 이런 불투명하고 교활하고 구차스러운 구성요소가 없다면 우리에게는 열정의 에너지가 모자랄 것이다. 아예 생기지 못할 수도 있다.

환자들은 순수한 감정이 비현실적이라는 것을 보여주는 사람들이다. 그것이 그들이 겪는 시련의 의미이고 그들의 임무처럼 보인다. 자연스러운 일이다. 인간 안에 있는 좋지 않은 요소들이 집중되어 있고 심해지기 때문이다. 질병의 신은 생물 종 사이를 한 바퀴 돌면서 싸워서 흔적을 남기는 데 일부 성공했다. 그리고 돌아다니는 데 지쳐 아마도 쉬고 싶어졌을 것이다. 그래서 자신의 패권을 평화롭게 인정해주고, 변덕이나 독재에도 뒷걸음질 치지 않는 정말로 믿을 수 있는 생물 종을 찾아다녔을 것이다. 더듬거리고 좌로 우로 헤매면서 수많은 실패를 겪었을 것이다. 드디어 찾았다. 만들었는지 모른다. 인간이다. 그래서 우리는 모두 환자들이다. 건강한 다수는 잠재적 환자들로 평범하고 해롭지 않은 인간들이다. 그리고 병이 드러난 환자들이 있다. 냉소적이고 열정적인 소수자들이다. 표면적으로 두 범주는 가깝다. 그러나 실제로는 어울릴 수 없다. 고통이 올 수도 있다는 것과 고통을 겪고 있는 것은 아주 다르기 때문이다.

우리는 작은 불편, 두통까지 우리가 처한 상태에 대해 자신의 허약한 체질을 탓하기보다는 남의 책임으로 돌린다. 남이 건강하라고 우리가 대가를 치르고 있으며, 남이 마음껏 활동하고 수선 피우라고 우리가 침대에 묶여 있다고 생각한다. 우리의 병이나 통증이 퍼져나가 주변 사람들, 가능하다면 인류 전체로 번지는 것을 볼 수 있다면 기분 좋을 것이다. 기다림에 실망해서, 가깝거나 멀거나 모두를 원망하면서 다 죽기를 바란다. 우리보다 더 곤란해지기를 바란다. 살아 있는 사람 모두에게 마지막 고통의 시간, 전멸의 시간이 오기를 바란다. 무시무시한 고통, 잊을 수 없는 고통만이 뚜렷하게 보이고 하찮은 고통은 잘 보이지 않는다. 그래도 정신적으로 더 힘들다. 영혼의 바닥을 뒤흔들기 때문이다. 환자들을 조심해야 한다. 그들은 "성질"이 있다. 원한을 자극해서 이용한다. 한 환자가 어느 날, 건강한 사람과는 절대 악수하지 않겠다고 결심을 한다. 그러나 곧 건강이 좋지 않다고 의심했던 사람들 가운데 여러 사람이 건강하다는 것을 발견한다. 성급하게 의심해 적을 만든 이유가 있는가? 확실히, 그는 다른 환자들보다 이성적이다. 그가 속한 집단에서 찾아볼 수 없는 양심이 있다. 그가 속한 집단은 좌절한 탐욕스러운 갱단 같다. 예언적 직관으로 모든 것을 뒤엎고 자신의 법을 강요한다. 고립시켜야 한다. 그렇다면 정상인들은 세상을 있는 그대로 내버려 둘 수 있는 유일한 범주인가? 그렇게 생각하고 맡겨보자. 정상인들은 과거에도 미래에도 무관심하고 현재만 생각한다. 후회도 희망도 없이 현재에 안주한다. 그러다가 건강이 나빠지면 천국과 지옥만 생각한다. *개혁*을 생각한다. 어쩔 수 없는 것들을 고치려 하고, 사회를 개선하거나 부수고 싶어 한다. 더 이상 자신을 견딜 수 없게 되었으므로 사회도 견딜 수 없는 것이다. 고통에 빠진 인간은 공공의 적이다. 에너지를 공급해주는 병을 감추어야 하므로 그만큼 위험하다. 장애가 있지 않으면 세상에서 자신의 가치를 높일 수 없고, 어떤 역할을 할 수도 없다. 역동적 힘이 있다는 것은 생리학적 문제가 있거나 정신적으로 피해를 받았다는 표시다. 균형 잡힌 사람은 무엇에도 열정이 없다. 인생에도 애착이 없다. 그 자신이 곧 인생이다. 균형이 깨진 사람은 세상에 동화하는 대신에 뒤엎고 고치고 싶어 한다. 정신을 긴장시키고 혹사하게 되면, 순박하게 살기 불가능하게 되면 자만심이 생긴다. 환자들은 순박하지 않다. 그들은 세상을 걱정한다고 착각하며 자신이 인간에 대한 자료라고 믿는다. 자신들의 깨달음을 강박관념으로 만든다. 반사 신경까지 끼어든다. 강박관념을 절대라고 생각하고 법으로 만들어 다른 사람들에게 강요하려 한다. 이 위험하고 성마른 입법자들은 자신들의 병을 의무적으로 거쳐야 한다며, 그것을 원하지 않는 사람들을 공격한다. 건강한 사람들은 까다롭게 굴 이유가 없으니 대하기 쉽다. 폭발성이 높은 수치심을 모르기 때문이다. 수치심을 느껴본 사람들은 그 감정을 두고두고 잊지 않는다. 무언가에 그 감정을 옮겨, 반복해서 괴로워할 수 있을 때까지 계속 기억한다. 창작이란 괴로움을 전달하는 것이다. 다른 사람들도 같은 괴로움에 잠겨 자기 것으로 만들고 몰두해서, 다시 경험하기를 바라는 것이다. 시문학에서 진리다.

우주에서도 진리일 수 있다. 궁지에 몰려 열에 들뜬 채 경련과 발작을 일으키고 있는 신을 가정하지 않고는, 온통 원죄의 독을 품고 있는 이 세상을 설명할 수 없다. 대혼돈에 직면했을 때 신이 느꼈을 만한 전율을 우리가 느낄 수 있어야 신의 본질을 짐작할 수 있다. 우리는 우리 안에서 형태나 양심에 어긋나는 것들을 볼 때, 혼란과 망상에 빠질 때 신을 생각하게 된다. 신 안에서 우리가 무너지고, 신이 우리 안에서 무너지는 간절한 기도 속에서 신을 만난다. 우리 안에서 무언가 부서질 때, 무질서와 싸울 때 신과 가까워진다. 약식 신학을 펼쳐보자. 날림으로 창조한 이 세상을 찬찬히 바라보면서 어떻게 작업자를 원망하지 않을 수 있겠는가? 어떻게 솜씨가 좋다거나 노련하다고 생각할 수 있겠는가? 더 높은 능력과 균형 감각을 보여주는 다른 신은 없었을까? 어디를 보아도 실수투성이고 뒤죽박죽이다. 도저히 아무 잘못이 없다고 할 수 없다. 그러나 이해가 가지 않는 것도 아니다. 우리 안에 있는 단편적이고 미완성이며 잘못된 것들로 미루어보자면 이해가 된다. 신이 이미 끝낸 작업에는 임시라는 낙인이 있다. 잘 마무리하는 데 시간이 모자라지도 않았을 텐데, 설명할 수 없는 이유로 신이 서둘렀다는 것이 우리의 불행이다. 배은망덕이 정당하다고 생각하는 우리는 천지창조 반대의 전문가로 언짢은 기분을 알리기 위해 온 힘을 다해 창조물을 훼손하고, 이미 잘못된 작품을 더 망가트리고 있다. 건드리지 않고 그대로 두고 신의 무능력에 대해 보복하지 않는 것이 아마 더 현명하고 점잖은 일이었을 것이다. 그러나 우리가 신의 단점을 물려받았으니 특별히 배려할 필요는 없다. 설령 인간보다 신을 더 좋아해도 원망은 사라지지 않는다. 우리가 신을 생각해낸 것은 아마도 우리의 반항을 정당화하고 새롭게 만들기 위해서, 저항에 맞는 대상을 찾아주기 위해서였는지 모른다. 용기를 꺾는 논리와 유혹에 맞서 신을 모독해가면서 기를 살리고, 반항심이 시들거나 때가 묻는 것을 막으려고 신을 생각해냈는지도 모른다. 신을 상대하는 것은 끝이 없는 일이다. 신을 일대일로 적수처럼 상대하면 힘이 생기고 의욕이 솟는다. 신 때문에 짜증 내지 않는 사람들은 측은하다. 그렇지만 모든 괴로움에 대한 책임을 넘기고,

비난하며 욕을 퍼붓고, 기도하는 때까지도 봐주지 않고 마음대로 할 수 있다는 것은 얼마나 큰 행운인가!

원한은 우리 인간만 독점하고 있는 것이 아니다. (종교 경전에서 알 수 있듯이) 신도 원한이 있다. 고독하고 유일한 존재라고 해서 원한이 없는 것이 아니다. 신도 혼자 있는 것은 좋은 일이 아니다. 세상을 창조해 공격할 대상, 정열과 불만을 발산할 대상을 찾자. 결국 그렇게 된 것이다. 세상이 증발해 없어져도 신에게든 인간에게든 까다로운 형식의 보복이 남는다. 자기에게 보복을 하는 것이다. 신경을 많이 쓰게 하지만 결코 파괴적이지 않다. 그것은 삶과 타협하며 스스로 고통을 짊어지고 산다는 것을 보여주는 것이다. "이제 구원하소서." 호산나 소리는 우리의 습관이 아니다. 신의 원칙과 악마의 원칙은 둘 다 (다른 방식이지만 불순물이 섞여 있어) 쉽게 이해할 수 있다. 그러나 천사들은 우리의 상상력을 난처하게 만든다. 이해할 수 없다. 신, 악마, 인간과 반대로 천사들만은 원한이 없어도 잘 있으며 왕성하다. 덧붙일 필요가 있겠는가? 인간이라는 소란스러운 동물은 아첨을 들어야 한다. 그런데 천사는 감언이설이 필요가 없다. 우리는 일할 때 이웃의 의견에 의존한다. 그들의 칭찬을 청하고 구걸한다. 가시가 들어 있는 판단을 말하거나 정확한 판단을 말하는 사람이 있으면 가차 없이 쫓아버린다. 방법이 있다면 우리의 적성이나 업적과는 맞지 않는 터무니없고 과장된 판단을 강요한다. 조심스러운 칭찬은 불공평이고, 객관성은 도전이며, 신중함은 모욕이다. 세상은 우리의 발아래 납작 엎드리지 않고 무엇을 하고 있는가? 우리가 다른 사람의 시선에서 보고 싶어 하는 것은 비굴한 표정이다. 우리의 동작과 시시한 업적 앞에서 숨김없이 열광하고, 솔직하게 열정을 고백하며, 텅 빈 우리의 인격 앞에서 황홀해하는 것을 눈으로 보고 싶어 한다. 아첨꾼은 도덕가인 체하며 남을 이용하고, 심리학자인 체하며 기생한다. 우리의 약점을 천연스럽게 이용한다. 타락한 우리는 의도적인 거짓 찬사가 부풀려 넘치는 것을 얼굴도 붉히지 않고 듣는다. 무언의 진실보다 거짓 호의를 더 좋아하기 때문이다. 아첨은 우리의 생리, 우리의 내장을 건드린다. 분비샘을 자극하고 분비를 촉진한다. 가장 깊고 자연발생적인 그래서 저속한 감정을 일으키고 저질적인 쾌감을 갖게 한다. 당황스럽다. 존재의 밑바닥을 흔들어서 효과가 더 확실하다. 우리를 해치는 자는 벌을 받아야 한다. 우리를 비난한 사람은 당장 후려치거나 돌을 준비해 천천히 갚아준다. 이런 반응을 자제하려면 변신해야 한다. 체질과 신체를 완전히 바꿔야 한다. 그러나 그런 일은 우리 안에 거의 준비되어 있지 않아서 우리는 아첨의 술수나 원한의 권위 앞에서 즐겁게 고개를 숙이는 것이다.

보복의 욕망을 억제한다는 것은 시간을 멈추게 하고 사건이 일어날 가능성을 차단하겠다는 것이다. 악을 제거하겠다는 것이고, 결국 행위를 제거하겠다는 것이다. 내 행위는 본바탕에 있는 파괴의 욕망에서 나온다. 우리 적들을 괴롭히는 데 지쳐서 그들이 웅크리고 버티게 운명에 맡기는 때가 돼서야 그 열병을 이겨낼 수 있다. 그들을 처치하고 해체해서 잠 못 이루는 밤에 해부할 대상으로 만들 정도로 사랑하는 동안은 안 된다. 거기서 벗어날 때가 되어야 한다. 그러나 삶에 집착하면서 내가 어떻게 보일는지 근심하는 허접한 욕망이 조금이라도 살아나면 열병이 다시 찾아온다. 삶의 의지는 조금만 남아 있어도 확장하려고 한다. 명분 없이, 억제할 수 없이 수치스럽게 자율적으로 성장하려고 한다. 모기도 코끼리도 성장의 욕구에 시달린다. 인간에게서 욕망이 가라앉기를 희망해볼 수도 있지만, 이미 보았듯 기대할 수 없다. 초라한 침대에 누운 병자에게도 욕망은 강도가 높다. 체념의 능력은 정신적 발전의 유일한 척도다. 사물이 우리에게서 벗어날 때가 아니라 우리가 사물에서 벗어날 때 내부가 비워진다. 그때는 더 이상 세상에도 속하지 않고, 우리 자신에게도 속하지 않는 한계선에 이르게 된다. 그 순간에는 체념하는 것이 승리하는 것이다. 맑은 의식으로 후회 없이 책임을 던져버리는 것이다. 근심조차도 없어야 한다. 근심은 표면적으로 눈에 띄지 않고 가벼워도 원한에 속한다. 쓴맛이 배어 있는 몽상이고 무기력을 위장한 질투이며 불명확한 원한이다. 근심하는 한 아무것도 체념하지 않는 것이다. "나" 속에서 질척거리는 것이다. 그렇다고 다른 사람들에게서 벗어나는 것도 아니다. 자신을 포기하는 데 성공하지 못했으므로 그만

큰 다른 사람들의 눈치를 본다. 보복을 자제하겠다는 약속을 하는 바로 그 순간, 우리는 공격할 준비를 하고 더욱 조바심한다. 모욕을 "용서하면" 대가를 치러야 한다. 잠 안 오는 밤 더 사납게 우리의 꿈이 점령당한다. 악몽이 된다. 우리 속에 깊이 파고들어 결국 흔적을 남긴다. 그렇다면 품위 있는 감정을 연기한들 무슨 소용이 있는가? 형이상학적 성찰이 무슨 소용 있으며, 보상을 받은들 무슨 소용이 있는가? 보복하겠다는 생각만으로 절대의 영역에 돌이킬 수 없이 들어가는 것이다. 조건도 제약도 없는 절대 영역이다. "잊어버린" 아니면 조용히 참았던 모욕뿐 아니라 다시 끄집어낸 모욕까지 우리를 괴롭히고 지치게 한다. 죽을 때까지 떠나지 않는다. 잊지 못하고, 계속 생각하는 것을 부끄러워하지 못하고 오히려 우쭐하며 공격한다. 별것 아닌 욕설, 한마디, 힐난조의 눈초리를 우리는 결코 용서하지 못한다. 공격자가 죽은 후에는 용서하리라는 것도 사실이 아니다. 그의 시체가 보이면 틀림없이 진정되고 너그러워질 것이다. 그러나 시체 이미지가 머리에서 사라지고 살아 있는 사람의 얼굴이 떠오르면 오래된

원한까지 다시 솟아 더욱 격해진다. 떠오르는 수모와 굴욕의 행렬은 우리가 살아 있는 동안 없어지지 않는다. 만일 우리가 죽지 않고 영원히 산다면 기억도 영원할 것이다.

우리를 괴롭히지 않는 것이 하나도 없다면 회의주의에 틀어박혀 치료할 방법을 찾을 수도 있지 않을까? 또 하나의 자기기만이다. 의심은 염증과 불만의 산물이다. 괴로운 사람이 자신을 괴롭히고 남을 괴롭히는 도구와 같은 것이다. 확실하게 드러난 사실까지 부정하는 것은 이성적 양심이나 오락으로 하는 것이 아니다. 사실을 놓치고 몰랐다는 것에 화가 나서 그러는 것이다. 내가 몰랐으니 누구도 알지 못하기를 바라기 때문이다. 진리? 다른 사람들이 무슨 권리로 알고 있다고 자랑할 수 있는가? 우리보다 가치 없는 자들에게 진리가 밝혀지다니 얼마나 불공평한가? 그들이 받을 자격을 얻기 위해 고심했는가? 밤잠을 자지 않았는가? 우리가 허리가 휘도록 노력했어도 찾지 못한 것을 마치 자신의 것인 양, 마치 신이 내려준 것인 양 받았다고 잘난 척을 하고 있다니! 진리가 그들의 전유물이 될 수 없으므로 권리를 주장하는 것을 막아야 한다. 진리를 얻은 것 같아도 사실 가설에 불과하다고 설득해야 한다. 가책을 피해 그들이 하는 자랑과 잘난 척에서 무언가를 찾아 그들을 혼란스럽게 만들려고 한다. 우리의 답답함을 주입해 그들이 우리만큼 약해지고 불행해지기를 바란다. 회의주의는 깊이 상처받은 영혼의 사디즘이다.

우리의 상처를 들여다보면 볼수록 우리가 해방되지 못한 존재라는 조건을 떠올리게 된다. 우리가 생각할 수 있는 최대치의 초연함이란 보복에도 용서에도 똑같이 거리를 두는 것이다. 서로 상쇄할 것이므로 똑같이 내용물도 없고 힘이 빠진, 광분과 관대함 사이 중간에 머물러 있는 것이다. 그러나 우리는 옛 인간을 결코 버릴 수 없을 것이다. 인간 서열에서 어떤 위치를 차지하는 것을 영원히 포기하는 데까지 우리 자신에 대한 혐오감을 견뎌야 할지 모른다.

유토피아의
메커니즘

우연히 대도시를 방문할 때마다 신기한 것이 있다. 어떻게 폭동이나 학살 아니면 피 튀기는 싸움이나 세상 종말 같은 혼란이 일어나지 않고 하루하루가 지나가는지 모르겠다. 이처럼 좁은 공간에서 그 수많은 사람이 서로 죽이지 않고, 죽일 만큼 미워하지 않고 어떻게 같이 사는 것일까? 사실, 사람들은 서로 미워한다. 다만 미움을 풀어버릴 만한 능력이 없을 뿐이다. 사회가 안정을 찾고 유지되는 것은 이런 무능과 무기력 덕분이다. 가끔 소동이 일어나면 우리가 타고난 본성을 풀어놓기도 하지만, 지나고 나면 마치 아무 일도 없었다는 듯이 서로 마주 보며 너무 드러나지 않게 물고 뜯는다. 사나운 평온 속에서 질서를 되찾지만, 평온은 그것을 침범한 혼란보다 더 무섭다.

사회란 원래 그런 것이다. 그런데 다른 사회를 상상한다고 머리를 싸매는 사람들이 있다니 정말 신기한 일이다. 순진하다고 해야 할지 미쳤다고 해야 할지 알 수 없는 그런 생각들을 어떻게 하게 된 것일까? 질문은 지극히 평범하고 정상적이지만, 내가 그 질문을 하게 된 동기는 건전하지 않았다는 변명을 한다.

새로운 생각거리를 찾아 이 궁리 저 궁리하던 때가 있었다. 찾지 못해 절망하고 있을 때 유토피아에 관한 글들이 떠올랐다. 거기에 뛰어들어 걸작을 탐독하고 몰두해 시간을 보내자는 데까지 생각이 미쳤다. 나의 고행과 수행의 욕구를 채워줄 무언가를 찾을 수 있어 만족스러웠다. 더 나은 미래와 "이상적"인 사회에 대한 꿈을 조사하고, 그 답답한 글들을 읽으면서 몇 달을 보낼 수 있다는 것은 뜻밖에 얻었던 흥미로운 일이었다. 덧붙이지만 이 불편한 글들에서 많은 것을 배웠다. 시간 낭비 독서는 아니었다. 처음 눈에 들어오는 것이 있었다. 사건이 생산되는 과정에서 (보는 각도에 따라 생산적이 일 수도 있고 유해할 수도 있는) 역할을 하는 것이 행복 자체가 아니라 행복의 *개념*이라는 점이었다. 그래서 철기에 속하는 우리 역사의 시대마다 황금기에 대한 헛소리를 늘어놓는 사람들이 있었다. 헛소리를 중단한다? 그러면 사회는 침체기로 접어든다. 사람은 불가능에 부딪혀야 행동한다. 유토피아를 생산할 능력이 없고 거기에 헌신할 능력이 없는 사회는 딱딱하게 굳어져 망한다. 어떤 유혹에도 넘어가지 않는 현자들은 주어진, 가지고 있는 행복에 만족하라고 한다. 인간은 거부한다. 그 거부를 통해서 인간은 역사적 동물이 되는 것이다. 행복을 꿈으로 갖게 되는 것이다.

"곧 모든 것의 종말이 오리라. 그리고 새로운 하늘과 새로운 땅이 있으리라."《요한묵시록》의 구절이다. 하늘은 빼버리고 "새로운 땅"만 남기자. 그것이 유토피아 체계의 열쇠와 형식이다. 더 정확하게 "땅" 대신 "도시"를 쓰는 것이 좋을지 모르겠다. 디테일일 뿐이다. 중요한 것은 새로운 출현에 대한 기대, 세속화되고 현대화된 그리스도 재림을 기다리는 열정이다. 가난한 사람들에게 그렇게 소중한 유토피아가 여기서 출현한다. 빈곤이야말로 유토피아주의자의 조력자다. 유토피아주의자들의 일거리이고 궁리이며 신의 섭리가 내려준 강박이다. 유토피아주의자는 그 자신이 가난한가 부자인가에 따라 빈곤을 편안하게 느낄 수도 있고 거북하게 느낄 수도 있지만, 빈곤이 없으면 할 일이 없다. 빈곤 때문에 할 일이 생긴다. 그리고 빈곤은 유토피아주의자가 반드시 있어야 한다. 이론가가 필요하고 미래를 보는 사람이 필요하다. 현재 상태에서 벗어날 가능성을 골똘히 생각하며 시간을 보내는 빈곤한 사람은 다른 땅에 대한 희망이 없으면 빈곤을 견디지 못한다. 의심스러운가? 당신은 정말로 가난해보지 않은 것이다. 정말로 가진 것이 없으면, 머릿속으로 그러니까 부질없이 모든 것을 뜯어고치는 데 시간과 정력을 소비한다. 인간이 만든 제도뿐이 아니다. 물론 모든 제도는 딱 잘라 말해 나쁘다. 그런데 그뿐만이 아니다. 아무것도 아닌 물건들까지 있는 그대로 받아줄 수 없다. 당신의 법과 기분을 따르게 하고 싶다. 있는 것을 다 무시하고 입법자나 폭군 같은 지배자가 되고 싶다. 자연의 조화에 끼어들어 생김생김과 구조도 바꾸고 싶다. 공기가 답답하니 바꾸자! 돌도, 식물도, 인간도 바꾸자. 존재들의 바닥 아래 혼돈의 맨 아래까지 내려가 자리를 잡고 군림하자! 주머니에 한 푼도 없으면 심란하다. 엉뚱한 생각을 하고, 모든 것을 소유하는 꿈을 꾼다. 정신이 나가 있는 동안은 모든 것을 소유한다. 신과 맞먹는다. 그런데 아무도 알아채지 못한다. 신도 모르고 그 자신도 모른다. 빈곤한 자의 망상이 사건을 만들고 역사를 만든다. 지금 여기서 다른 세상을 살고 싶어 하는 열에 들뜬 군중이 유토피아를 상상한다. 그들을 위해서 유토피아에 대한 글을 쓴다. 그러나 잊지 말자. 유토피아란 어느 곳에도 없다는 뜻이다.

모두가 감사히 일하며 아무도 죽음을 두려워하지 않고, 나쁜 일이라고는 스치지도 않는 도시가 어디에 있는가? 기하학적인 전원시와 규격에 맞춘 구경거리와 손발이 오그라드는 수많은 광경을 보며 억지로 행복하다고 느껴야 하는 곳이다. 만들어진 '완벽한' 세상 그대로다. 캄파넬라(1568~1639. 이탈리아의 철학자이자 공상적인 공산주의자 — 옮긴이)는 꼼꼼한 묘사로 웃음을 솟게 한다. 태양계인은 "통풍, 류머티즘, 염증, 좌골신경통, 복통, 수종, 위장의 가스 등등이…" 없이 산다. 《태양의 도시》는 풍성하다. "각자가 자신이 하는 일을 아주 잘하고 싶어 한다. 일을 주관하는 사람 하나하나를 '왕'이라고 부른다. 여자와 남자가 조를 짜서 작업한다. 우리와 다르게 왕의 지시를 거역하는 일은 결코 없고, 피곤한 기색도 보이지 않는다. 상급자를 아버지나 형처럼 대한다." 같은 계열의 글들에서도 비슷한 헛소리를 읽을 수 있다. 이상하게도 카베 (1778~1856. 공상 소설 《이카리아 여행기》를 통하여 이상적인 공산주의 사회의 건설을 주장했던 프랑스의 사회주의자 — 옮긴이)나 푸리에 (1772~1837. 프랑스의 사상가 — 옮긴이), 모어(1478~1535. 유럽 사회를 풍자한 《유토피아》를 발표한 영국의 정치가 — 옮긴이)의 책자에도 있다. 그러나 문학이든 아니든 모든 창작품에 꼭 있어야 하는 예리함이 여기에는 없다.

진짜 유토피아를 상상해내거나 확신에 차서 이상적인 사회를 그려내려면 순진하고 멍청한 데가 있어야 한다. 너무 드러나면 독자들이 거슬려 할 것이지만. 유토피아와 관련해서 읽어줄 만한 글은 다른 의도로 쓴 것들뿐이다. 재미 삼아서 아니면 인간 혐오 때문에 썼을 만한 글들이다.《걸리버의 여행기》의 예고편들이고 후속편들이다. 스위프트의 이 여행기는 꿈에서 깨어난 인간의 바이블이다. 망상이 아니라 현실적인 관점의 진수이며 유토피아다. 스위프트의 냉소 덕분에 유토피아 계열의 글들이 유치함에서 벗어났지만, 동시에 계열 자체가 사라져버렸다.

어느 것을 상상하는 것이 더 쉬울 것인가? 유토피아인가? 세계 종말인가? 둘 다 원칙이 있고 필수 사항들이 있다. 세계 종말보다는 유토피아와 관련한 글들이 훨씬 많이 생산되었다. 낡고 진부하다는 측면에서 우리의 본성과 어울리기 때문이다. 우주적 재난을 예상하고, 그것을 예언하고 공표하는 언어와 방식을 누구나 좋아하는 것은 아니다. 세계 종말의 개념을 인정하고 높이 평가하는 사람들이 있다면 흥분에 가득 차서 다음 성경 구절을 읽을 것이다. 파트모스(터키와 그리스 사이에 있는, 바위와 화산으로 뒤덮인 작은 섬 — 옮긴이)를 두고 두고 회자하게 만든 진부한 표현들이다. "… 하늘이 캄캄해지고, 달빛이 사그라들며, 별들이 쏟아져 내릴지니라…. 땅 위 모든 족속들이 울부짖을 것이며… 이 세대는 이 모든 일이 닥치는 것을 막지 못 할지니라." 듣지도 보지도 못한 무언가 중대한 사건에 대한 예감과 간절한 기다림의 환상으로 해석하면, 이 땅 혹은 다른 어딘가에 천국이 온다는 희망이다. 그러나 환상이 아니라 근심으로 해석하면 최악의 상황, 공포로 떨리는 재난의 비전이다.

"… 그리고 그의 입에서 날카로운 검이 튀어나와 나라들을 친다." 공포감을 느끼게 하는 진부한 표현이다. 세례요한은 틀림없이 우연히 발견했겠지만, 어떻든 이 현란한 말 잔치와 멸망의 행렬을 즐겨 사용했다. 따져보면 비인간적인 행복으로 숨이 막히고, "우주적 조화"가 몸을 조여 눌러버리는 것 같은 도시나 섬을 묘사하는 것보다는 낫다. 유토피아의 꿈은 대체로 실현되었다. 다만 유토피아를 상상했던 사람들과는 다른 기본 정신 속에서 이루어진 것이다. 그들이 말했던 완전함이란 결점이었고, 참신한 희망이란 재앙이었다. 감상적으로 상상했던 사회 유형이었지만 실제로는 살 수 없는 것이었다. 《이카리아 여행》을 예로 인용하고 판단에 맡기겠다. "젊은 여직공 2천5백 명이 공장에서 일하고 있다. 일부는 서고, 일부는 앉아 있다. 모두가 상냥하다. … 한 사람이 한 가지 작업만 하는 방식은 작업의 속도를 두 배로 높일 뿐 아니라 완성도를 높여준다. 아주 우아한 머리핀들이 매일 아침 예쁜 직공들의 손에서 풍족하게 생산된다." 열심히 공을 들였어도 이런 한심한 글들이 나오는 것은 지능이 낮아서일까 아니면 악취미 때문일까? 카베는 물질적 측면에서 정확하게 보긴 했지만, 본질을 잘못 알았다. 그는 존재와 생산 사이의 거리를 전혀 생각하지 않았다(존재한다는 말은 문자 그대로 행동의 밖, 행동의 저편에 있다는 것이다). 카베는 수공업이든 산업이든 그 외의 어떤 방면에서든 노동에 어쩔 수 없이 따르는 필연성을 알아채지 못했다. 유토피아 이야기들에서 놀라운 것은 어떻게 그렇게 통찰력이 없으며, 심리적 공감이 없는가 하는 것이다. 인물들은 로봇이고 허구이고 상징이다. 어떤 인물도 실제적이지 않고, 꼭두각시의 상태를 벗어나지 못하며, 지표 없는 세계 한가운데서 길을 잃은 몽상에서 벗어나지 못한다. 아이들도 아이들 같지 않다. 푸리에의 "회원국가"에서는 아이들이 얼마나 순수한지 훔치고 싶은 유혹을 못 느낀다. "나무에서 사과를 따 먹겠다"는 생각이 떠오르지 않는다. 그러나 훔치지 않는 아이는 아이가 아니다. 인형의 나라를 열심히 상상할 이유가 있는가? 팔랑스테르(푸리에가 고안한 자급자족적 유토피아 공동체를 이르는 말이다 - 옮긴이)의 묘사는 구토제로 딱 맞는다.

유토피아 설계자가 우리에게서 보는 것은 희생정신과 무욕과 무심이다. 라 로슈푸코(1613~1680. 프랑스의 사상가. 그의 작품 《잠언과 고찰》에서 그는 인간이 깊은 자기애에 의해 움직인다고 했다 - 옮긴이)와는 정반대다. 선함이라는 벼락을 맞아 죄악도 결점도 없고 부피도 윤곽도 없는, 사는 것이 무엇인지 창피의 기술이 무엇인지 모르며 수치심과 징벌의 고통도 모르는, 창백하고 무가치하고 완벽한 존재가 바로 그들이 보는 인간이다. 같은 인간을 후려쳐서 누르는 즐거움이나 그들이 쓰러지는 것을 기대하며 따라가는 조급증을 거의 생각하지도 않는다. 즐거움과 조급증은 필요할 경우 수준 높은 감정일 수도 있다. 악의적인 것이 전혀 없을 수도 있다. 어떤 사람이든 상승하고 번창하며 전진하는 동안은 그가 누구인지 알 수 없다. 그 자신과 멀어져서 현실감을 상실하기 때문이다. 그러나 추락하기 시작하고, 인간적 차원의 성공이 불가능해 보이기 시작하면 자신으로 돌아간다. 실패로 눈을 뜨면 자신을 되찾고, 만물이 잠겨 있는 몽롱함에서 벗어난다. 나쁜 일을 겪어봐야 자기 잘못과 남의 잘못을 알 수 있다. 필요하면 그 속에 깊이 빠져야 한다. 원칙적으로, 기본 방향으로 나쁜 일이란 일어나지 않는 유토피아에서는 그렇게 할 수 없다. 어둠이 금지되어 있고, 빛만 허용되는 곳이 유토피아다. 이중성을 찾아볼 수 없는, 본질적으로 반(反)이원론적인 세계다. 비정상, 기형, 불규칙을 배격하고 획일성, 전형, 반복, 정통만을 고집한다. 그러나 생명이란 단절이고 이단이며, 물질적 기준에서 벗어난 예외다. 인간은 이단의 하위범주다. 개인성과 일시적 기분이 승리하는 비논리적 출현이다. 사회-잠들어 있는 괴물들의 집합체 ― 는 인간이라는 이단적 동물을 올바른 길로 데려오고 싶어 한다. 그러나 인간은 잠에서 깨어난 괴물이고 고독 자체다. 우주 질서를 위반하는 존재다. 자신이 예외라는 것에 만족하고, 부담이 무거운 특권을 누리며 고립되어 있다.

"인류의 미래에 대한 우리의 희망은 세 가지로 요약할 수 있다. 국가들 간 불평등 해소, 같은 민족 내 평등의 진전 그리고 인류의 완성이다." (콩도르세(1743~1794. 프랑스 계몽주의 철학자 ― 옮긴이))

역사는 위 주장을 긍정하지 않았다. 실제 사회를 관찰하면서 우리의 희망이 어디서나 항상 실현된 것이 아니라 오히려 좌절해온 것을 보았기 때문이다. 타키투스와 같은 역사학자들에게 이상적 로마는 존재하지 않는다.

비극은 역사의 핵심이고 절정이다. 유토피아는 비극에 반대된다. 유토피아에는 비이성도 없고, 복원 불가도 없다. 유토피아라는 완벽한 사회에서는 갈등이 멈추고, 인간들의 의지가 억제되고 진정되어 기적적으로 하나가 된다. 우연이나 모순과 같은 성분이 사라지고 단일성이 지배한다. 유토피아는 위험한 이성주의와 인간적 순결주의가 합성된 것이다.

우리는 악에 잠겨 있다. 우리의 모든 행동이 나쁘다는 것이 아니라, 선한 행동을 하면 반사 운동이 억제되어 고통스럽다는 것이다. 선한 행동을 실천하는 것은 고행이고, 고행의 예행연습이다. 타락한 천사 사탄은 천지창조를 떠맡고 신을 정면으로 바라보며 버티고 있다. 신보다 더 편안해하고 더 힘이 있다. 사탄은 찬탈자가 아니다. 우리의 주인이다. 우주를 인간 수준으로 축소하면, 저 높은 곳에 계신 주를 누르는 합법적 군주다. 우리가 어디에 속해 있는지 용기 내어 인정하자.

대 종교들은 제대로 알고 있었다. 마라(악한 길로 유혹하는 나쁜 귀신 — 옮긴이)가 붓다에게, 아흐리만(조로아스터교의 고대 신화에서 등장하는 절대 악 — 옮긴이)이 조로아스터에게, 악마가 예수에게 주었던 것은 이 땅, 땅 위의 절대권, 세상의 왕의 권력에 맡겨진 세상이었다. 그것은 세상의 왕을 따라 그 방식대로 살고, 그가 하는 일에 협력하고, 그가 하는 일을 완성하

라는 것이었다. 새로운 왕국, 세계 유토피아, 세계 제국을 건
설하자는 것이 아니었다. 세상의 왕이 무엇보다도 바라는 것
은 지난 행복을 아쉬워하지 않는 것이다.

오천 년 전부터 닫혀 있었던 천국이 예수가 숨을 거두는
순간 다시 열렸다. 요한 크리소스토무스('황금의 입'이라 불리는,
콘스탄티노플 주교 요한 ― 옮긴이)가 전하는 말이다. 천국에 도둑
이 들어갔고, 아담이 들어가 드디어 에덴으로 돌아갔다. "속
죄의 시간"을 기다리며 지옥에서 근근이 버티고 있던 정의로
운 사람들 몇 명도 그 뒤를 따라 들어갔다.

모든 정황으로 보아 천국의 문은 다시 닫혔다. 앞으로도
오랫동안 그렇게 있을 것이다. 누구도 입구를 강제로 열 수
없다. 아마도 특권자 몇이 입구를 지키기 위해 방책을 쌓았
을 것이다. 땅 위에서도 경이로운 것을 지킬 때 그렇게 한다.
이 천국은 진짜 천국 같아 보인다. 깊이 낙담했을 때 생각하
며 그 안에 들어가 녹아버리고 싶은 성급한 충동을 느낀다.
쫓겨난 낙원에 다시 돌아가 세상에 태어난 잘못을 갑자기 빌

고 싶은가? 아쉬움의 형이상학적 의미는 어떤 시간도 그 대상이 될 수 없다는 불가능성에 있다. 기억할 수 없는, 시간의 흐름과 무관한 만물 생성 이전의 먼 과거에서 위안을 찾으려고 하는 것이다. 세상이 시작될 때 일어났던 단절을 잘 기억하지 못하는 우리는 황금기를 미래에서 찾지 않는다. 자연스럽게 지나간 시간, 태고의 원시시대를 떠올린다. 그 과거를 갈망하는 것은, 그 시대를 다시 살고 싶어서가 아니라 의식의 짐을 그곳에 내려놓고 사라져버리고 싶어서다. 아쉬워하고 있는 천국을 시간의 근원으로 되돌아가 찾으려고 하는 것이다. 반면에 지상 낙원에 대한 꿈에는 아쉬움이 없다. 역방향의 동경이다. 미래를 향한 "발전"이라는 단어에 정신이 혼미해지고 오염된 날조다. 태초의 천국을 이상하게 변조해 시간 속에 옮겨놓은 천국이다. 모방일까 아니면 자율적으로 만들어졌을까? 이 변조된 낙원 하나하나가 우리에게도 결국 영향을 주었다. 우리는 좋든 싫든 미래를 기대한다. 만병통치약이다. 시간 차원에서 전혀 다른 시간이 출현할 것처럼 생각한다. 완성되었으면서도 영원히 계속될 시간처럼 생각하고, *시간을 초월한 역사*처럼 생각한다. 언어적 모순이다. 생성 변이 속에서 변하지 않는 새로운 세상이 압도하며 나타나기를 희망하는 것은 자체 모순이다. 더 나은 세상은 이론적으로 불가능한 꿈이다. 타협 없는 역설에 의존해야 겨우 정당화되는 꿈이다.

기독교가 정신적 만족을 주는 한 유토피아는 매력이 없다. 기독교에 실망하게 되면 유토피아가 다시 나타나 정신세계를 사로잡기 시작한다. 르네상스 시대 이미 유토피아의 개념이 작동했었지만, 본격적으로 성공한 것은 두 세기가 지난 "계몽주의" 미신의 시대였다. 확실한 행복, 계획된 천국, *미래*는 그렇게 탄생했다. 거기서는 우연이란 없다. 엉뚱한 상상도 이단이고 도발이다. 유토피아의 묘사는 상상할 수 없는 디테일에 돌입하는 것이다. 이상적인 도시라는 생각 자체가 이성적 난제다. 감성을 존중하지만 지적 능력을 무시하는 시도다. (플라톤은 어떻게 그런 시도를 한 것일까? 플라톤이 이 모든 멍청한 짓의 원조다. 플라톤의 시도를 다시 가져와 더욱 바보스럽게 만든 현대 버전의 설립자는 토머스 모어다.) 이상한 범주 체계에 따라 우리의 행동을 분류하고 조정하는 사회, 무례할 정도로 자비로워 우리의 속마음까지 들여다보는 사회를 설계한다는 것은 지옥의 고통을 황금기에 옮겨놓는 것이다. 악마의 힘을 빌려 자선단체를 제도로 만드는 것이다. 태양계인, 유토피아인, 하모니인 — 그 희한한 이름들이 그들의 희한한 운명을 말해준다. 우리가 이상 사회라고 주장했으니 우리에게도 약속된 운명일 것이다.

유토피아주의자들은 창세기와는 반대로 노동의 좋은 점을 칭송한다. 그 점에서 유토피아의 관점은 인간이 원죄의 결과로 생긴 노동에 만족하고 자랑스러워하며 깊이 빠져 있다고 본다. 원죄의 가장 심각한 폐단은 이윤에 대한 집착이다. 아담의 "이마의 땀"을 사랑하고 귀한 신분의 표시로 여기며, 기뻐 날뛰고 힘써 일하는 것이 인간 종에 찍혀 있는 낙인이다. 우리는 낙인을 자부심과 자랑으로 지니고 다닌다. 이렇게 버림받은 것이다. 그런데 일하기를 거부하거나 어떤 분야에서 탁월한 능력을 보이기를 거부하는 사람이 있다. 아득한 먼 옛날의 행복에 대한 기억을 간직하고 있는 선택받은 자다. 우리는 그를 보면 기분이 나빠진다. 그는 다른 인간들을 낯설게 느낀다. 다른 인간들과 같지만 공감하지 못한다. 어디를 봐도 이곳이 자신이 있을 곳이라고 느끼지 못한다. 보이는 것은 모두 빼앗은 것 같다. 이름을 갖는 것조차도 그렇다. 그러나 그의 거부는 받아들여지지 않는다. 믿지도 않고 한 행동이었다. 지나간 행복을 흉내 내봐야 정확한 낙원의 이미지에 밀려난다. 에덴에서 쫓겨난 인간이 더 이상 에덴을 생각하지 않고 고통받지 않기 위해 보상으로 받은 것이 있다. 행동 지향성이다. 행동에 몰두해 열광하고 뛰어난 능력을 발휘하는 것이다. 의지가 약한 사람은 초자연적인 침체, 무사 무욕한 상태에서 생각한다. 무슨 일을 하지? 어떤 노력을 하지? 망망하다. 그러나 그 역시 모두가 받은 저주를 피하지 못한다. 아쉬움으로 자신을 소모한다는 것이다. 다른 사람들이 성과를 내기 위해 투자하는 에너지보다 더 많은 에너지를 아쉬움에 소비한다.

"하느님의 나라"는 여기도 저기도 아니고 우리 안에 있다고 예수가 말했을 때 이미 유토피아를 금지한 것이다. 유토피아주의자들의 "나라"는 필연적으로 우리의 *밖에* 있다. 우리의 내면이나 개인적 구원과는 무관하다. 그 영향을 받은 우리는 우리의 밖에서, 사물이나 집단이 지향하는 곳에서 우리의 구원을 찾는다. 역사의 의미는 그렇게 정해진다. 역사라는 단어가 발전이라는 단어를 밀어내고 유행했지만, 달라진 것은 아무것도 없다. 폐기했어야 하는 것은 개념이 아니라 우리가 남용하는 단어들이다. 새로운 이념은 동의어들이다.

완성의 가능성이라는 개념은 다양한 방식으로 우리의 정신생활 속에 스며들어 있다. 개념에 문제를 제기하는 사람조차도 동조한다. 역사는 정해진 어떤 방향이나 목적이 있는 것이 아니다. 앞으로 나아간다. "그저 그뿐이다." 이 말에 아무도 동의하지 않는다. "역사에는 목적이 있으며, 그 목적을 향해 가고 있다. 일시적으로 도달한 적도 있었다." 이것이 우리의 생각이다. 부르짖는 교리도 있다. 어떤 사상이든 즉각 실현을 약속할수록 호소력이 있다. "하느님의 나라"를 찾을 능력이 없었든지 아니면 너무 영리해 찾을 능력이 없다는 것을 알았든지 기독교인들은 *나라*가 생성 과정에 있다고 주장했다. 성공시키기 위해 가르침을 왜곡한 것이다. 어쨌든 예수의 입장은 모호했다. 말꼬리를 잡는 바리새인들에게는 우리 안에 *나라*가 있다고 말했지만, 제자들에게는 구원이 가까이 있으며 "현재 세대"인 그들이 모든 것이 이루어지는 것을 볼 것이라고 말했다. 인간이란 진리가 아니라 터무니없는 꿈 때문에 순교한다는 것을 알고, 그 약점을 이용한 것이다. 그렇게 하지 않았다면 일을 망쳐버렸을 것이다. 예수에게서 양보 혹은 전략이었던 것이 유토피아주의자들에게는 가설 혹은 열정이 되었다.

서로를 잘 괴롭히려면 모여서 사회를 조직해야 한다는 것을 깨달았을 때, 인간은 큰 발자국을 뗀 것이다. 유토피아주의자들은 인간이 절반만 성공했다고 믿는다. 그래서 완전한 행복을 누릴 수 있는 환경을 조성하기 위해 도와주겠다고 자청하고 나선다. 대신 인간에게 자유를 포기할 것을 요구한다. 자유를 정말로 놓고 싶지 않다면, 시련을 실컷 겪으면서 기쁘다고 소리 높이 외치는 데만 사용하라고 말한다. 유토피아주의자들이 인간에게 기울이는 지겨운 정성의 의미는 그것으로 보인다. 이런 조건이라면 반대 방향의 유토피아를 구상해보는 것은 어떨까? 어떤 사회든 질서를 유지하기 위해서는 소량의 선과 다량의 악이 필요한데, 이러한 상황을 청산하자는 것이다. 솔깃한 계획이다. 뿌리칠 수 없는 유혹이다. 그렇게 방대한 양의 악을 어떤 방법으로 끝낼 수 있는가? 연금술사들이 찾고 있는 만능 용해제 같은 것이 필요할 것이다. 효능을 실험할 대상은 쇠가 아니라 제도다. 용해제의 성분을 찾을 때까지 기다려보자. 현실적 측면에서 연금술과 유토피아는 만나는 점이 있다. 서로 다른 분야에서 공통된 혹은 같은 변화를 추구한다는 것이다. 하나는 자연 속에서 변화 불가를 찾고 있고, 다른 하나는 역사 속에서 변화 불가를 찾고 있다는 것이다. 생명의 특효약이나 이상적인 도시나 둘 다 똑같은 정신적 결함, 똑같은 희망에서 온다.

한 나라가 다른 나라들보다 더 우위에 있으려면, 다른 나라들을 무시하고 눌러버리려면, 아니면 단순히 개성이 넘치는 이미지를 갖고 싶으면, 실제 능력으로는 도달할 수 없는 목표를 만들고 그것을 따르게 할 허황한 이념이 있어야 한다. 한 사회도 마찬가지다. 현실에 비추어 터무니없는 이상을 보여주거나 주입해야만 사회가 변화하고 견고해진다. 집단이 살아가는 데 있어 유토피아라는 이념은 민족이 살아가는 데 있어 사명감에 해당하는 기능을 한다. 이념들이란 메시아적 혹은 유토피아적 세계관의 부산물, 통속적 표현 같은 것이다.

이념은 그 자체만으로 좋은 것도 나쁜 것도 아니다. 그 이념을 선택하는 순간에 모든 것이 달려 있다. 공산주의는 남성적 국가에는 자극제가 된다. 앞으로 나아가게 하고 확장을 돕는다. 휘청거리는 국가에서는 덜 좋은 영향을 줄 것이다. 이념은 진실도 거짓도 아니다. 어떤 과정의 진행 속도를 빠르게 할 뿐이다. 러시아가 현재의 활기를 갖게 된 것은 공산주의 *때문*이 아니라 공산주의를 통해서다. 공산주의가 유럽 일부에서 같은 역할을 할 것인가? 새롭게 태어나게 하는 원칙이 될 것인가? 그러기를 바란다. 질문에 답을 찾으려면 역사적으로 유사한 경우와 비교해 유추해야 한다. 간접적이고 임의적일 수밖에 없다. 기독교 초기의 영향을 살펴보자. 기독교는 그리스와 로마 사회에 치명타를 가해 사회를 마비시키고 끝장을 냈다. 그러나 야만인 게르만족에게는 축복이었다. 기독교와 접촉하면서 본성이 억세졌다. 기독교는 늙어버린 세계를 새롭게 하지 않을 것이다. 이미 새로워진 사람들만 새롭게 할 것이다. 공산주의도 마찬가지다. 이미 구제받은 사람들만 단기적으로 구제할 것이다. 죽어가는 사람들에게 실질적 희망이 될 수 없다. 시체를 살릴 수는 더더욱 없다.

유토피아의 허황한 논리들을 지적했으니 장점을 살펴보자. 인간들은 사회에 아주 잘 적응해서 그 안에 있는 문제점을 잘 파악하지 못하니, 그들의 무의식을 살펴보아야 한다.

유토피아주의자들이 소유의 악영향과 소유로 인해 생기는 불행과 재난을 경고했다는 점을 크게 칭찬해야 한다. 작은 것이든 큰 것이든 소유한 사람은 본질적으로 때가 묻었고 부패했다. 그가 만지는 것이나 자기 것으로 만드는 것은 아무리 작은 것도 썩게 되어 있다. 자신의 "재산"이 위태로워지거나 빼앗기면 정상적으로 거의 불가능했던 자각에 떠밀린다. 인간적 얼굴을 되찾고 "영혼"을 회복하려면 파산해야 한다. 파산에 동의해야 한다. 혁명이 도움이 될 수 있다. 태어났을 때의 벌거숭이 상태로 돌려놓으면, 당장은 망하지만 영혼이 구원받는다. 혁명으로 제일 먼저 타격을 받는 자들, 즉 가진 자들이 말하자면 내적으로 해방되는 것이다. 그들의 등급이 *다시 조정된다*. 이전 차원으로 돌려놓는다. 그들이 부정했던 가치관을 돌려준다. 혁명은 그들을 칠 수단을 갖고 기회를 잡기 전에 건강한 두려움을 심는다. 밤잠을 설치게 하고 악몽을 꾸게 한다. 악몽은 형이상학적 깨어남의 시작이다. 혁명은 파괴의 동력이라는 점에서 유용하다. 혁명의 결과가 불행했을지라도 한 가지 사실이 파괴를 만회하게 한다. 인간 세계에서 가장 잔인한 소유의 세계를 흔들기 위해 어떤 공포감을 조장해야 하는지 알고 있다는 것이다. 겁내지 말고 강조하자. 소유는 우리를 타락시키고 더럽히며, 우리 각자 안에 잠들어 있는 괴물을 깨운다. 빗자루 한 개라도 갖고, 무엇이든 자신의 것이라고 믿는 것은 치사한 대열에 동참하는 것이다. 아무것도 가진 것이 없다는 것이 얼마나 자랑스러운가! 대단한 발견이다. 자신이 인간의 끄트머리라고 생각해보자. 갑자기, 놀랍게도 아무것도 없다는 것을 깨달으면서 고통이 사라진다. 오히려 자부심을 느낀다. 더 희망하는 것이 있다면 성자나 정신병자만큼 궁핍하게 되는 것이다.

전통적 가치들이 지겨워지면 그 가치들을 부정하는 이념에 필연적으로 이끌린다. 이념은 긍정적 내용보다는 부정적 역량으로 매력을 발휘한다. 사회 질서가 달라지기를 바라는 것은 공산주의 이념과 관련한 위기를 겪겠다는 것과 같다. 그것은 어제도 지금도 내일도 사실이다. 르네상스 이래 지성은 표면적으로는 자유주의에, 심층적으로는 공산주의에 이끌려 있었다. 공산주의는 상황의 산물이나 역사적 우연의 산물이 아니다. 유토피아 사상의 계승자로 장시간 수면 아래서 이루어져 왔던 작업의 산물이다. 처음에는 일시적 분위기 전환이나 분리주의였지만, 점차 운명과 정통의 성격을 바꾸어 놓게 되었다. 현재 의식적 저항이란 공산주의냐 아니면 반(反)공산주의냐, 두 형식만 가능하다. 그런데 반공산주의는 공산주의의 미래에 대한 또 다른 신념, 분노하며 공포에 떠는 신념에 불과하다는 것을 인정하지 않을 수 없다.

이념의 시간이 울릴 때는 모든 노력이 그 이념의 성공을 위해 모인다. 반대자들도 봉사한다. 논쟁이나 경찰도 확산을 막지 못할 것이며, 성공을 뒤로 미루지 못할 것이다. 이념은 실현되고 구체화될 수 있으며, 그러기를 원한다. 그러나 목표에 가까이 다가갈수록 지쳐간다. 도달하면 이상이라는 내용을 비우고 힘이 빠져버린다. 결국 제시했던 구원의 약속을 망치고 쓸데없는 말 잔치나 공허한 메아리가 된다.

공산주의에 남은 미래는 유토피아로서 가지는 잠재력을 소모하는 속도에 달려 있다. 잠재력이 남아 있는 한 공산주의를 경험해보지 않은 사회들을 유혹할 것이다. 어떤 다른 이념에도 없는 장점을 가진 공산주의는 여기서 한 발 후퇴하고, 저기서 한 발 전진하면서 지구를 한 바퀴 돌 것이다. 사라졌거나 비틀거리는 종교를 대체할 것이고, 공허한 현대인들이 좋아할 절대를 제시할 것이다.

우리에게 미래에 대한 한 조각의 환상이라도 남아 있다면, 공산주의는 아직 수긍할 만한 유일한 이념으로 보인다. 그래서 우리는 모두가 정도는 다르지만 공산주의자들이다. 그러나 현실적으로 실현했을 때 나타나는 불합리한 요소를 빼고 어떤 주의 주장을 판단하는 것은 부질없는 일이 아닌가? 인간은 어느 때나 공평한 정의가 올 것을 기대할 것이다. 또 그것이 실현되기를 바라면서 자유를 포기할 것이다. 그리고 곧 후회할 것이다. 무슨 행동을 하든 무슨 생각을 하든 막다른 골목에 부딪힌다. 막다른 골목이 결말이 아니라 출발점이고 조건이고 열쇠인 것 같다. 기존 사회가 가졌던 장점을 건드리지 않고 지켜나갈 수 있는 새로운 사회 형태는 없다. 모든 유형의 사회에는 비슷한 양의 불리한 점이 있다. 골고루 분배되어 있다는 것이 저주다. 정지 상태를 움직일 처방은 없다. 개인이나 사회나 똑같은 괴로움을 겪는다. 이론은 아무것도 하지 못한다. 역사의 기층에는 학설이 스며들지 못한다. 표면에만 작용할 뿐이다. 기독교 시대란 기독교와 전혀 다르다. 공산주의 시대도 공산주의 원형을 떠올리게 하지 않는다. 자연발생적인 기독교적 사건이란 없다. 자연발생적인 공산주의 사건도 없다.

유토피아가 꾸며진 환상이라면, 공산주의는 한발 더 나아가 환상의 선언이며 강요다. 어디에나 퍼져 있는 악에 대한 도전이고 필연적인 낙관론이다. 경험과 실험을 거쳐 절망속에 살면서 《창세기》의 저자처럼 황금기를 미래와 연결하지 않는 사람은 받아들이기 어려울 것이다. "무한한 발전"의 중독자들을 폄훼하려는 것도 아니고, 그들이 지상에서 정의가 승리하도록 기울이는 노력을 폄훼하려는 것도 아니다. 그들에게는 불행이지만 정의가 물리적으로 불가능하고, 대단한 난센스에 불과하다는 것이다. 그들 역시 알고 있다. 이상 사회란 결코 실현될 수 없다고 확실하게 말할 수 있다. 자연과 사회가 온갖 방식을 동원해서 가로막고 있는 것처럼 보인다.

해결할 수 없는 갈등은 고립된 한 사람의 문제가 아니다.

강도는 다르지만, 우리 모두 느낀다. 대신해 나타날 사회가 실망스러울 것이라고 알면서도 우리는 이 사회를 때려 부수고 싶어 하지 않는가? 진정한 혁명가가 될 만큼 순진한 사람이 없는 이 시대에 바랄 수 있는 것은 쓸데없는 것일지라도 완벽하게 신념이 없는 혁명이다. 사람은 정신이 돌아버리면 제 발로 혼돈 속으로 걸어 들어간다. 정신이 완전히 나가지 않은 미치광이처럼, 완전히 병이 들지 않은 정신병자처럼 정신은 말짱한 채 화가 나서 자신이 창조한 세상을 조각조각 내면서 즐거워하는 신처럼 행동할 것이다.

이제 미래에 대한 우리의 꿈은 무섭고 두려운 감정과 뗄 수 없게 되었다. 유토피아 문학이 시작된 것은 중세기 기독교에서 지옥을 중요하게 여기고 세계 종말의 전망을 즐겨 이야기하는 데 대한 반발이었다. 캄파넬라와 모어가 안도감을 주는 사회를 상상한 것은 힐데가르트(1098~1179. 중세 여성으로는 드물게 철학, 식물학, 의학, 음악 등에 해박한 지식을 갖춘 것으로 알려진 수녀 — 옮긴이) 성녀의 환각을 끌어내리는 것이 유일한 목표였던 것으로 보인다. 이제 무시무시한 것들에 익숙해진 우리는 유토피아가 세계 종말론에 전염이 되는 것을 목격하고 있다. 우리에게 알려준 "새로운 땅"은 점점 새로운 지옥의 모습이 되어간다. 그러나 우리는 이 지옥을 기다린다. 빨리 오기를 재촉하는 것이 의무라고 여긴다. 유토피아와 세계 종말은 전혀 다른 것으로 보였지만, 이제는 서로 침투하고 서로 영향을 주어 제3의 계열을 이루고 있다. 우리를 위협하는 현실을 반영하는 데 아주 적절하다. 환상을 버린 우리는 "예스"라고 말할 것이다. 아주 정확하게. 그것이 운명 앞에서 *비난받지 않을* 예의다.

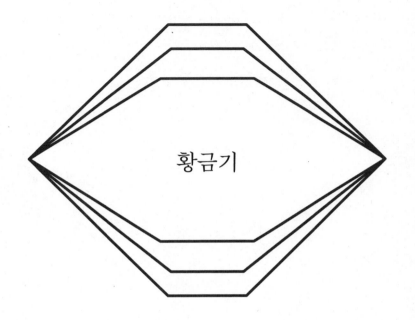

황금기

1

"그 시절 인간은 신들처럼 살았다. 마음에는 근심이 없었고, 일도 괴로움도 멀리 있었다. 늙어가는 슬픔이 그들에게 오지 않았다. 손과 발은 평생 힘이 있었다. 나쁜 일은 일어나지 않았고, 모여 노는 즐거움이 있었다. 잠에 떨어져 잠을 자듯이 죽음을 맞았다. 온갖 재물이 그들의 것이었다. 기름진 들판은 수고하지 않아도 풍성한 먹을 것을 주었고 그들은 배부르게 먹었다." (헤시오도스,《일과 날》)

황금기는 성서의 에덴동산과 일치한다. 둘 다 더할 나위 없이 상투적이다. 비현실적이지만 비극적이지는 않다. 적어도 정지된 한 세계의 이미지를 잘 정의하고 있다. 계속 똑같은 영원한 현재가 지배하는 세계다. 모든 낙원에 공통된 시간이고, 시간이라는 개념과 반대되도록 설정된 것이다. 그 세계를 상상하고 간절히 원한다면 생성의 변화를 피해야 한다. 그 무게와 가져올 불행을 느껴야 하고, 어떤 희생을 치르더라도 거기서 빠져나오고 싶어 해야 한다. 다른 세상에서 휴식하고, 스스로 해체되기를 열렬히 바라는 우리의 온전치 못한 의지가 할 수 있는 단 한 가지 일은 그것뿐이다. 영원한 현재에 조건 없이 합의했었더라면 역사는 일어나지 않았을 것이다. 역사가 무거운 짐이나 형벌이 되지는 않았을 것이다. 역사의 무게로 눌리는 것 같을 때면, 우리는 뭐라 부를 수 없는 비겁함에 사로잡힌다. 흐르는 시간 한가운데에서 더 발버둥 쳐야 한다는 생각은 악몽이다. 괴로울 만큼 한가롭던 신화의 시대로 되돌아가고 싶어진다. 《창세기》를 늘 읽었다면 에덴동산의 명한 행복을 아쉬워하며 돌아가고 싶어진다. 머리로는 천사를 떠올리며 그 비밀을 알아내고 싶어 애쓴다. 나른한 피로감에서 우리가 생각하는 대로 자주 나타난다. 우리에게 주는 도움이 없는 것은 아니다. 우리가 어느 정도로 이 세상에 어울리지 못하고 있는지, 이 세상에 끼어드는 데 얼마나 서투른지 알 수 있게 하고 있지 않은가? 천사들이 손에 잡히지도 않고 비현실적이라고 해도 우리보다는 덜하다. 우리는 그림자 아니면 가짜 그림자다. 육체는 메마르고 숨은 끊어져 있다. 짓눌린 유령처럼 비탄에 잠겨 천사들을 생각하고 천사들에게 애원한다. 일부 애가가 주장하듯 천사의 본성에는 '끔찍한' 것이 없다. 그러나 끔찍한 것은 우리가 천사 없이는 더 이상 살 수 없게 되었다는 것이다. 혹은 천사가 우리에게서 멀리 떨어져 있다고 생각할 때, 갑자기 천사가 우리 피의 황혼에서 솟아 나오는 것이 보이는 것이다.

2

헤시오도스가 말한 바에 따르면, 신들이 우리에게 감추었던 '생명의 샘'을 프로메테우스가 나서서 우리에게 알려주었다. 그렇다면 우리의 모든 불행은 프로메테우스의 책임이다. 그는 자신이 똑똑하다고 자부했지만 그 책임을 깨닫지 못했다. 아이스킬로스가 언급한 것을 보면 《일과 날》에 쓰여 있는 것과 하나하나 정확하게 반대된다. "옛날에 인간은 보기는 했으나 잘못 보았으며, 듣기는 했으나 이해하지 못했다…. 행동했으나 항상 경솔했다." 이것으로 어조를 알 수 있으니 더 길게 인용할 필요가 없을 것이다. 프로메테우스는 인간들이 원시시대의 감정에 빠져 의식이 아직 깨어나지 않은 채 본능의 법칙에 순응하고 있다고 질책했다. 그래서 결국 그 깊이나 의미를 알려고 하지도 않고 즐겨 이용했던 "샘"으로부터 인간들을 떼어놓고, 정신을 깨어나게 함으로써 인간에게 행복이 아닌 저주와 거인이 되려는 괴로움을 안겨주었다. 의식 없이도 잘 지냈던 인간에게 의식의 짐을 지게 하고, 그곳으로 밀어 넣어 움직이지 못하게 하려고 프로메테우스가 나타난 것이다. 의식은 인간들 내부에 비극을 만들어 우리 각자에게까지 전달했다. 의식은 인간 종이 멸망할 때나 사라질 것이다. 시간이 가면 갈수록 의식은 우리를 사로잡고 지배하며 삶으로부터 우리를 떼어놓는다. 우리는 삶에 매달리지만 성공하지 못한다. 의식과 삶에 번갈아 비난의 화살을 돌리며 의미와 조건을 가늠해보지만, 결국 화가 나서 그 실패를 우리 자신의 탓으로 돌린다. 프로메테우스, 이 불길한 박애주의자는 그 점을 예견하지 못했다. 헛된 꿈 때문이었다는 것밖에는 변명의 여지가 없다. 본인이 원하지 않게 경솔하고 무분별한 유혹자가 된 것이다. 인간들이 들었으면 되지 않았는가? 무엇을 이해할 필요가 있었는가? 프로메테우스는 인간들을 역사에 밀어 넣고, 영원한 현재로부터 쫓겨나게 하고 억지로 이해를 강요했다. 죄가 있는지 없는지 모르겠다. 어쨌든 그는 벌을 받아 마땅하다.

프로메테우스는 "과학"의 제일 첫 번째 열렬한 지지자였고, 가장 좋지 않은 의미로 현대인이었다. 그의 허세와 망상은 지난 19세기의 사상가들을 예고한다. 그가 당하는 고통만이 터무니없었던 행동들을 참고 보게 해준다. 독수리는 무언가를 이해했었다. 우리에게 닥칠 일을 미리 알고 고통을 덜어주려고 했다. 그러나 시동이 이미 걸려 있었다. 인간은 이미 유혹자 프로메테우스의 술책에 말려들었다. 유혹자는 인간들을 자기처럼 만들어, 신들이 금지했음에도 불구하고 삶의 이면을 파헤치도록 가르쳤다. 지식이라는 무례한 죄악, 세상과 어울리지 못하게 하는 그 흉악한 호기심을 넣어준 범죄자는 프로메테우스다. 지식과 행동을 미화시켜서 존재의 가능성 그리고 아울러 황금시대의 가능성을 잃게 한 것은 그였다. 그가 우리에게 운명이라고 지워준 고난은 길게 지속될 것이므로 그의 고난과는 비교할 수 없는 것이다. 운명만큼이나 일관성 있는 그의 *계획*은 기막히게 잘 실현되었다. 그러나 그 결과는 반대였다. 그가 우리에게 권하고 강요했던 모든 것이 하나씩 그에게 그리고 우리에게 해롭게 작용했다. 타고난 무의식 상태를 뒤흔들어 놓는데 후유증이 없을 수 없다. 무의식을 건드린 인간들은 프로메테우스와 같은 운명을 따르게 되어 있다. 그들 역시도 그들의 바위와 독수리에게 시달리는 것이다. 프로메테우스를 향한 인간들의 증오는 그를 통하여 자신을 향하는 것이므로 그만큼 더 지독한 것이다.

3

은(銀)시대에 이어 청동기와 철기로 이행되는 과정은 우리가 점점 타락하고 영원한 현재로부터 멀어지는 과정이다. 영원한 현재와 단절되고 환영으로만 상상한다. 영원한 현재는 다른 세계가 되었다. 우리에게서 빠져나가 완전히 분리되어 짐작조차 할 수 없다. 되찾을 방법이 없다. 옛날에 우리가 진실로 그것을 소유했던가? 그 이미지를 그릴 방법이 없는 마당에 어떻게 되찾는가? 우리의 욕구불만은 영원한 것이다. 때로 우리는 극단적 포만감이나 정신적 이완 상태에서 영원한 현재에 접근한다. 그러나 시늉일 뿐이다. 불변성의 패러디일 뿐이다. 생성 과정은 중단되어 영원한 탐욕 속에 고정되어 있고, 황량한 순간 위에 웅크리고 있을 뿐이다. 엑스터시가 금지된 인간에게는 영원한 현재로 들어가는 입구가 없다. 할 수 있는 것이라고는 힘을 완전히 빼고 인간의 속성을 없애는 것이다. 텅 빈 무한대의 느낌, 알 수 없는 심연의 느낌, 팽창하고 있는 공간의 느낌, 애원하는 허무한 시간의 느낌을 느껴보는 것이다.

시간의 구분을 넘어 펼쳐지는 진짜 무한한 영원성이 있다. 그리고 시간 속에 존재하는 가짜 영원성이 있다. 우리는 그 가짜 영원성 속에 웅크리고 구세주의 손길에서 벗어나 구원으로부터 멀리 떨어져 있다. 가짜 영원성은 모든 것을 빼앗아 가면서 우리를 해방한다. 우리가 우리 자신의 겉모습만을 보면서 기진맥진하는 자격을 잃은 세계다. 우리 존재의 내부를 볼 수 있게 해주는 신체 기관은 퇴화했을까? 우리는 영원히 겉모습만 있는 것일까? 정신과 육체가 겪는 고통을 모조리 열거한다고 해도 그것은 영원한 현재를 가질 수 없는, 단 한 조각이나마 훔칠 수조차 없는 것에서 오는 고통에 비하면 아무것도 아니다.

우리는 가짜 영원성 속에 기댈 곳도 없이 떨어져 있다. 시간은 드러나면서 사라진다. 우리는 흩어지는 그 시간 속에 떨어져 있다. 시간의 본질은 파괴의 연속이고 모호함의 집합체다. 충만한 것은 허공이다. 우리는 순간순간마다 살고 죽는다. 우리는 이 순간이 언제인지 모른다. 이 순간은 없는 것이니까. 이렇게 덧없지만 우리는 순간에 집착한다. 헤어나려면 단순히 습관만 개조해서는 안 된다. 정신이 망가지고 내 안에 틈이 생기면, 그 틈을 통해 불멸의 무언가를 보고 접근할 수도 있을 것이다. 자신을 포기하는 데 동의한 대가로 몇몇 소외된 자에게만 주어진 혜택이다. 그 나머지 대부분 인간은 그러한 희생을 감수할 능력이 없음을 자인한다. 그러나 다른 시간에 대한 미련을 버리지 못한다. 오히려 그 반대로 필사적으로 노력한다. 유토피아주의자의 권고에 따라 이 땅에서 다른 시간을 찾는다. 영원한 현재와 유토피아를 일치시키고, 황금기의 낙원과 프로메테우스의 야망을 일치시키고 싶어 한다. 성서의 언어를 빌리자면, 원죄로 인한 타락을 통해 에덴을 다시 건설해 원래 에덴동산이 얼마나 훌륭한 것이었는지 아담의 후예들이 깨닫도록 만들려는 것이다. 그런데 그것은 천지창조를 수정하겠다는 것이 아닌가?

4

"이상적인 역사"를 구축하고 그것의 영원한 순환 주기를 설정하고자 했던 비코의 생각을 사회에 적용한 것이 유토피아 체제들이다. 유토피아 체제들의 특징은 "사회문제"를 단번에 해결하고자 하는 것이다. 그래서 *최종적인 것*에 대한 강박관념과 아울러 가능한 한 빨리, 가까운 장래에 천국을 건설하려는 조바심이 있다. 영원한 현재를 모방하려는 것이다. 가까운 장래란 일종의 시간적 정체이고 가능성의 동결이다. "내가 굳은 믿음으로 세계적 조화가 아주 가까워졌음을 알리는 것은, 회원국가를 조직하는 데 2년 이상은 걸리지 않기 때문이다…." 참으로 순진한 푸리에의 말이지만, 저변의 현실을 밝혀주고 있다. 천국은 우리의 관념과 행위에 달린 것이고, 비교적 단기간에 오게 할 수 있다는 은밀한 확신이 있는 것이다. 그렇지 않다면 아무리 작은 계획이라도 시작하지 못한다. 어떤 계획에 자신을 완전히 몰입한 사람을 보라. 마치 *세계적 조화*가 올 것처럼 행동하며 자신이 그 전파자라고 믿는다. 행동한다는 것은 가까운 미래, 아주 가까워 잡힐 것 같은 미래를 염두에 두는 것이다. 일을 미루는 나쁜 버릇을 가진 사람들은 다르다. 그들은 에픽테토스처럼 미룬다. 사실 "미루어도 좋은 일은 포기하는 것이 더 좋다." 하지만 그들이 후일로 미루기 좋아하는 것은 스토아학파의 철인 에픽테토스처럼 윤리적 성찰 때문이 아니다. 거의 조직적인 공포 그리고 습관화된 만성적 낙심에서 오는 것이다. 그들이 지난 시간과 앞으로 올 시간을 폐기하고 오늘도 내일도 똑같이 살 수 없다고 하는 것은, 즉각적이고 임박한 시간 속에 안주하기보다는 상상을 통하여 수만 년 후를 사는 것이 더욱 편하기 때문이다. 그러나 흐르는 시간 속에서도 펼쳐지는 공간 속에서도 특정한 순간이나 장소를 찾아낼 수 없으므로 점점 기운이 빠진다. 이러한 변화조차 사라지면 그들은 멈춰서 사방을 둘러보며 지평선에 질문을 던진다. 그러나 이제 지평선도 보이지 않는다. 그때 그들이 느끼는 것은 어지럼증이 아니라 공황 상태다. 너무 심한 나머지 발이 얼어붙어 도망가지도 못한다. 소외당한 자들이고 추방당한 자들이다. 한심스러운 무리를 이끌어 들이는 피리 소리에서 이탈한 자들이다. 정신은 또렷하지만 의지는 약한 그들의 귀에는 발버둥치는 자신의 소리가 들린다. 무엇을 원한다, 그 진정한 의미는 원하는 것을 의식하는 것이 아니다. 전혀 의지를 압박하지 않고 그대로 두겠다는 것이다. 행동하는 인간은 충동이나 동기는 물론 반사 신경조차도 안중에도 없다. 묻지도 따지지도 않고 복종한다. 행동도 흥미가 없다. 목표와 의도만 있으면 충분하다. 의지의 작동 과정이 아니라 *대상*만 바라본다. 세상과 대면해서는 최종적인 것을 찾거나 최종적인 것을 만들고 싶어 한다. 곧 혹은 이 년 후에⋯ 어떤 완성 형태에 맹목적으로 빠지게 되면 자신을 드러낸다. 어떤 움직임에도 유토피아적 성분이 들어가 있다. 에덴의 기억이나 예감이 없다면 숨을 쉬는 것도 형벌이다. 무의식적이지만 에덴동산은 우리 욕망의 최고 목표이며, 우리의 기억과 기다림의 막연한 실체다. 현대인들은 자신의 본성 밑바닥에서 에덴동산을 찾아낼 능력도 시간도 없는 탓으로 미래로 투사시킨다. 생시몽(1760~1825. 프랑스 사회주의의 선구자 ─ 옮긴이)의 일기, 《생산자》

의 앞머리는 현대인들의 모든 환상을 요약하고 있다. "황금기는 우리 앞에 있다. 과거에 있다고 하는 것은 몰상식한 전통이다." 그러므로 종말론에 따라 황금기의 출현을 앞당기고 영원하게 만드는 것이 중요하다. 종말론은 불안이 아니라 흥분과 환희, 행복에 대한 거의 병적이고 수상한 갈증에서 생겨난다. 혁명가는 그가 준비하고 있는 혁명이 마지막이라고 생각한다. 우리도 모두 자신들의 활동 영역에서 같은 생각을 한다. *최종*은 살아 있는 사람의 강박관념이다. 역사를 마무리 짓고 마감하는 것이 우리의 의무라고 믿기 때문에, 역사가 마치 우리의 영역처럼 보이기 때문에 우리는 발버둥 친다. "진리"는 유보 상태에서 벗어나 우리 앞에 모습을 드러낼 것이다. 오류는 다른 사람의 일이다. 우리만이 모든 것을 이해한다. 인간들을 제압한 다음에는 신을 향한다. 신의 작품을 개조하고 흠결을 수정하려고 한다. 그것을 시도하지 않거나 그 시도가 자신의 의무라는 믿음이 없는 인간은 현명해서든 무기력해서든 자기 운명을 포기한 것이다. 프로메테우스는 제우스신보다 더 잘하고 싶어 했고, 조물주로 급조된 우리는 신보다 더 잘하고 싶어 한다. 에덴동산보다 더 훌륭한 낙원을 만들어 신이 부끄러워하게 만들고 싶어 한다. 불가역을 없애고, 프루동(1809~1865. 프랑스의 무정부주의 사회주의자 — 옮긴이)의 전문용어를 빌자면 세계를 "운명에서 풀어주고" 싶어 한다. 전반적인 계획도 측면에서 보면 유토피아는 역사적 차원의 우주 진화론적 야망이다.

5

    인간이 원죄를 짊어지고 있는 한 지상에서 천국을 건설할 수 없다. 그러므로 인간을 원죄에서 벗어나게 하고 해방해야 한다. 펠라기우스(4세기 영국의 신학자이며 수사. 원죄설과 유아 세례를 부정하고 인간의 자유 의지와 금욕을 강조했다 — 옮긴이)교파 계열 교리들이 했던 작업이다. 알다시피 (순진한 켈트족) 펠라기우스는 타락의 결과를 부정하고, 아담의 원죄 행위가 후손에게 행사할 수 있는 영향력을 부정했다. 우리의 첫 조상

아담은 철저하게 개인적 비극을 겪은 것이며, 신의 노여움은 오직 그를 대상으로 하고 있으므로 신은 어떠한 방법으로도 우리에게 그의 단점이나 불행을 물려주는 기쁨을 누리지 못한다는 것이다. 그에 따르면 우리는 선하고 자유롭게 태어나 어떤 원죄의 흔적도 없다.

이 이상으로 관대하면서 거짓인 교리는 상상하기 어려울 것이다. 유토피아적 유형의 이단이다. 극단과 비상식이 넘쳐나 풍성한 생각거리를 제공해준다. 유토피아의 설계자들이 직접적으로 영감을 받았던 것은 아니지만, 현대 사상 속에 펠라기우스파의 존재를 부정할 수 없다. 그 흐름은 진보에 대한 숭배와 혁명적 이념들로 귀결되었다. 펠라기우스파는 성 아우구스티누스주의와 얀센파의 교리(인간의 구원은 개인의 선행에 달려 있지 않고, 오직 신적인 은총으로 외부에서만 올 수 있다 – 옮긴이)에 반대되는 주장을 한다. 그 주장에 동조하는 이론들에 따르면 인간은 원죄에서 해방되어 잠재적으로 선택받은 집단으로 선한 삶이 예정되어 있고, 원하는 대로 만들어질 수 있으며, 어떤 식으로든 완성될 존재라는 것이다. 로버트

오웬(1771~1858. 영국의 선구적인 사회주의자, 산업혁명의 최초의 실천적 비판가 ─ 옮긴이)의 선언문이 우리에게 약속하는 체제는 "인류의 새로운 *정신*과 새로운 *의지*를 창조할 수 있으며, 그래서 각 인간이 저항할 수 없는 필연성에 따라 합리적이고 이성적이며 건강한 판단과 행동을 할 수 있게 된다는 것이다."

　펠라기우스와 그의 후대 추종자들은 우리의 본성에 대해 열렬한 낙관론에서 출발한다. 그러나 인간의 의지가 *선하다*는 것은 전혀 증명되지 않았다. 오히려 전혀 그렇지 않음이 분명하다. 선한 것은 의지가 약한 인간들뿐이다. 다른 인간들은 선해지려면 노력이 필요하다. 그리고 노력이 성공하면 심기가 불편해진다. 행위는 악과 분리될 수 없다. 우리가 하는 일은 필연적으로 누군가 혹은 무언가 아니면 최소한 자기 자신을 해친다. 보통은 끈질기게 고집을 부려, 다른 사람을 희생시키면서 무언가를 원한다. 그러므로 인간은 선택받은 것이 아니라 버림받은 것이다. 인간들이 서로를 괴롭히지 않는 사회를 건설하고 싶다면, 의지 결핍증 환자들만 받아들여야 한다.

결국 우리가 선택할 수 있는 것은 의지가 약할 것인가 아니면 의지가 사악할 것인가, 둘 중 하나뿐이다. 약한 의지가 좋다. 왜냐하면 충격을 받고 마비되어 힘이 없으니까. 두 번째는 해를 끼치고 시끄럽지만, 역동의 원리를 가지고 있다. 그것이 생성의 열기를 유지하고 사건을 일으킨다. 황금기를 기대한다면 인간에게서 의지를 빼앗으시라. 더 좋은 것은 생활을 아예 박탈하는 것이다. 인간 존재의 비밀은 바로 남을 해치려는 성향이다. 그것 없이는 인간을 이해하지 못한다. 인간은 사실 자기 행복도 다른 이의 행복도 바라지 않는다. 그런데도 마치 이상 사회를 희망하는 것처럼 행동한다. 그런 사회가 실현된다면 인간은 질식할 것이다. 포만감이 주는 불편은 가난으로 인한 불편과는 비교할 수 없이 큰 것이다. 인간은 긴장 그리고 중단 없는 전진을 좋아한다. 그런데 완성되었다면 어디를 향해 가겠는가? 인간은 영원한 현재에 맞지 않는다. 그 단조로움을 두려워한다. 기독교적이고 유토피아적인 천국을 가로막는 장애물은 단조로움이다. 역사란 결국 권태로움에 대한 우리들의 두려움이 아닐까? 그 두려움 때문에 고통의 신선함과 짜릿한 매력에 집착하며, 침체 상태보다는 그 어떤 것이라도 불행을 바라게 되는 것이다. 본 적이 없는 신기한 것을 강박처럼 쫓아다니는 것이 우리의 구원을 파괴하는 요인이다. 식물적 삶에서 멀어지면 지옥을 향해가는 것이다. 식물적 삶의 수동성이야말로 모든 것의 열쇠다. 그리고 우리의 모든 의문에 대한 최선의 답이다. 그러나우리는 수동성에 대한 두려움 때문에 본질을 무시하고, 모든것을 알고 있는 야만적인 문명 집단이 될 수밖에 없는 것이다. 천천히 목이 빠지게 기다린다. 오로지 숨만 쉬고서. 존재한다는 부당함을 당당하게 감수하고, 기다림과 희망의 긴장은 피하고, 시체와 숨쉬기 사이에서 중간 타협점을 찾아야한다. 그러나 우리는 너무 타락하고 욕심으로 숨 가쁜 나머지 그렇게 하지 않는다. 우리는 권태와 절대로 화해하지 못한다. 권태를 참을 수 있으려면 하늘이 우리를 도와서 사건없는 생활에 만족을, 변함없이 흘러가는 시간에 대해 기쁨을, 동질성에 희열을 느낄 수 있어야 한다. 그러나 그러한 은총은 우리의 천성과 워낙 맞지 않아 은총을 받지 않는 것이 오히려 다행한 일이다. 다양성이라는 사슬에 묶여 있는 우리는 거기에서 우리의 본능에 꼭 필요한 일정한 양의 실망과 갈등을 끌어낸다. 족쇄에서 풀려나 근심도 없이, 모든 것이 우리 손에 들어온다면 그때 우리가 느끼게 될 어지럼증은 속박 상태보다 수천 배는 더 괴롭다. 가장 최근의 펠라기우스 파였던 무정부주의자들은 바로 이러한 우리의 타락한 측면을 간과했다. 이전의 같은 계열의 사상보다 나은 점이 있었는데, 자유를 숭배해서 "이상적" 사회를 비롯한 모든 사회를 거부하고, 이전보다도 더욱 허황하고 불가능해 보이는 새로운 몽상을 제시했다는 것이다. 그들은 국가에 반기를 들고 국가를 제거할 것을 주장했는데, 본질적으로 국가가 선한 의지의 행사에 방해가 된다고 보았기 때문이었다. 그러나 국가가 생긴 것은 인간의 의지가 사악하기 때문이다. 우리가 어떤 제한도 없이 악하게 굴 수 있으면 국가는 사라질 것이다. 그렇지만 일체 권위를 없애려던 그들의 생각은 인간이 생각해낸 것 가운데 가장 뛰어난 것이었다. 그러한 구상을 실현하려고 했던 족속이 사라진 것은 통탄할 일이다. 시대가 그들의 이론이나 예상을 깎아내리는 데 그렇게 열중했으니, 그때는 차라리 뒤로 물러서서 나타나지 않는 것이 나았던 것인지 모르겠다. 그들은 개인의 시대를 예고했고 국가의 소멸을 예고했다. 그러나 개인은 죽어가고 있었고, 국가는 그 어느 때보다 강하고 거추장스러웠다. 이제는 평등의 시대, 공포의 시대가 열렸다. 모든 것이 망가졌다. 저지르는 테러도 질적으로 낮아졌다. 무정부주의자들이 열과 성을 가지고 실행했던 테러에는 그것을 변명해줄 수 있는 절대적 신념이 있었지만, 아직도 가끔 인간들이 저지르는 테러에는 그런 신념이 없다. 이제는 누구도 기대할 수도 없는 허구인 우주적 조화에 도달하기 위해 폭탄을 투척하지 않는다. 현재 도달한 철기의 최종 단계에서 우리는 무엇을 희망할 수 있겠는가? 실망한 꿈들을 모은 환멸이 우리가 느끼는 감정이다. 우리에게 파괴의 힘을 믿을 기력조차 남아 있지 않다면, 목표를 변경한 무정부주의자로서 파괴가 위급하지만 무가치하다는 것을 알았다는 것이다.

6

    고통의 초기 단계에서는 지상에서 황금기가 실현되기를 기대하고, 거기서 기댈 곳을 구하며 집착한다. 그러나 고통이 심해질수록 황금기로부터 멀어지면서 고통 자체로 돌아가 집착한다. 유토피아적 체계를 설계한 원인이었던 고통이 이제 반기를 드는 것이다. 유토피아에는 고통의 쾌락을 갖지 못하게 치명적 위험이 있다는 것을 알게 되었기 때문이다. 그래서 《지하 생활자의 수기》의 주인공처럼 혼돈 상태의 편을 든다. 이성을, "2+2=4"를, 푸리에가 주장한 사회주의적 공동생활의 "수정궁"을 반대한다.

    계획적으로 조직된 불행이라는 지옥을 살아본 사람이라면, 만인이 행복하다고 하는 이상 사회도 마찬가지라는 것을 알게 될 것이다. 고통을 심하게 겪은 사람은 이상 사회를 혐오한다. 도스토옙스키는 편집 상태에 이를 만큼 이상 사회라는 개념에 적대적이었다. 그는 나이가 들면서 젊은 시절에 자신이 품었던 푸리에의 사회주의적 사상에 점점 더 강하게 반대했다. 그 사상에 동조했던 자신을 용서할 수 없었으므로 젊은 시절 자신이 가졌던 환상을 극단적으로 풍자한 자기 소설의 주인공들에게 복수했다. 그는 지난 시절의 방황과 유토피아에 기울었던 자신을 증오했다. 그러나 유토피아라는 주제는 그를 끈질기게 괴롭혔다. 그가 대(大)심판관을 통해서 전체 인간을 행복한 다수와 선견지명이 있고 인간의 운명을 감수하며 맑은 정신으로 괴로워하는 소수로 구분했을 때, 혹은 베르호벤스키(《악령》의 등장인물로 혁명가 — 옮긴이)와 함께 《악령》의 주인공 스타브로긴(과거 장교이자 귀족 — 옮긴이)을 미래 도시의 영적 지도자로, 혁명적이고 무신론적 교황으로 만들고자 했을 때 바로 생시몽주의자들이 "생산자들"보다 우위에 두었던 "성직"에서 영감을 받은 것이 아니었겠는가? 아니면 생시몽을 새로운 종교의 교황으로 옹립하려던 유아적 시도에서 영감을 얻은 것이 아니었겠는가? 도스토옙스키는 가톨릭을 "사회주의"에 접근시켰을 뿐 아니라 그 둘을 동일시하기도 했다. 논리와 망상이 뒤섞인 대단히 슬라브적 관점이었다. 러시아에서는 모든 것이 서유럽에 비해 한 단계 강화된다. 회의주의는 무정부주의로, 가설은 도그마로, 개념은 성상으로 변질된다. 시갈료프(《악령》의 영웅 중 한 명 — 옮긴이)가 카베보다 더 광기 어린 발언을 한 것은 아니었다. 그렇지만 그는 프랑스인 모델이었던 카베가 보이지 않았던 맹렬함을 보인다. "당신들에게는 이제 강박관념이 없지만, 우리는 아직 가지고 있다." 러시아인들은 도스토옙스키를 통해 이렇게 서유럽 사람들에게 말하고 있는 것 같다. 도스토옙스키는 단 하나의 꿈의 노예가 된 전형적인 집념의 인간이다. 그의 작품 속 등장인물들도 모두 마찬가지다. 황금기에 대한 꿈이 없다면 "인간들은 살기를 원할 수도 없고, 죽을 수조차도 없다"라고 도스토옙스키는 우리에게 단언한다. 그렇다고 그가 역사 속에 황금기가 실현되기를 바라는 것은 아니다. 오히려 황금기가 오는 것을 두려워한다. "반동"에 빠져드는 것도 물론 아니다. 그가 "진보"를 공박하는 것은 질서의 이름이 아니라, 일시적 변덕 혹은 변덕을 부릴 수 있는 권리의 이름으로 하는 것이다. 앞으로 올 천국을 거부하고 나서 기억에도 없는 아득한 옛날의 천국을 구제할 것인가? 그것이 소설의 주인공들인 스타브로긴, 베르실로프 그리고 《작가의 일기》의 "우스운 인간"을 통해서 연속적으로 다루었던 주제였다.

"드레스덴 박물관에는 '아키스와 갈라테아'라는 제목으로 목록에 들어 있는 클로드 로랭의 그림 한 폭이 있다. 나는 꿈에서 그 그림을 보았다. 그림을 현실처럼 보았다. 그림에서와 마찬가지로 그리스 섬의 한 귀퉁이로, 아마도 삼천 년 이상을 거슬러 올라갔던 것 같았다. 부드럽게 쓰다듬는 푸른 파도, 섬과 바위들, 꽃피는 해변, 멀리 아름다운 풍경과 손짓하며 부르는 낙조… 이곳이 인간의 요람이었다…. 인간은 행복하고 순결하게 깨어났다가 잠들곤 했다. 숲속에는 그들의 기쁜 노래가 울려 퍼졌으며, 인간은 사랑과 소박한 기쁨 속에서 힘이 넘쳤다. 그 모든 것을 느끼면서 동시에 인간 자신은 생각조차 할 수 없는, 그들을 기다리고 있는 거대한 미래를 보았다. 나는 몸서리쳤다." (《악령》 참조.)

베르실로프도 스타브로긴과 같은 꿈을 꾼다. 그러나 차이가 있다. 베르실로프에게는 지는 해가 "서유럽인"의 출발이 아니라 종말로 갑자기 나타난다. 《미성년》에서는 풍경이 조금 더 어두워진다. 그리고 단편 "우스운 인간의 꿈"에서는 완전히 어두워진다. 황금기와 그에 대한 상투적 이미지들이 앞의 두 인물의 꿈에서보다 더 세심하고 적극적으로 묘사되어 있다. 클로드 로랭의 환영에 대한 사르마티아인(고대 이란 족 계열의 유목민 − 옮긴이) 역사가의 해설이라고 할 수 있을 것이다. "원죄로 더러워지기 이전" 세상으로 돌아간다. 그때 인간은 "일종의 우주적이고 상호적 사랑의 은총 속에" 살았다. 자식이 있었지만 쾌락이나 출산의 추악함을 알지 못했다. 찬가를 부르며 숲속을 산책했으며, 끝없는 기쁨에 도취해 질투, 분노, 질병 따위를 몰랐다. 여기까지는 아직 진부하다. 우리에게는 다행스럽게도 영원하게 보였던 그들의 행복이 시련을 겪으며 불안해진다. "우스운 인간"이 나타나 모두를 타락시킨다. 악이 출현하면서 상투적 이미지는 사라지고, 풍경에 생기가 돈다. "전염병처럼, 제국 전체를 감염시킬 수 있는 페스트균의 미립자처럼 나는 내가 오기까지 순결했던 기쁨의 땅을 나의 존재로 감염시켰다. 그들은 거짓말을 배우고, 그것을 즐겼으며 거짓의 매력을 알게 되었다. 그 모든 것은 아마도 별생각 없이, 장난처럼, 재미로, 일종의 오락처럼 시작되었을 것이다. 실제 세균의 영향이었는지 모르겠다. 그러나 거짓말의 세균이 그들의 가슴속에 스며들었고, 좋게 보이기 시작했다. 곧이어 쾌락이 생겨났고, 쾌락은 질투를, 질투는 잔인함을⋯ 낳았다. 아! 모르겠다, 기억이 나지 않는다. 그러나 곧, 아주 빨리 피가 그 첫 방울을 튀기며 솟아올랐다. 그들은 놀라고 무서워했다. 그리고 서로 멀어지고 헤어지기 시작했다. 서로 동맹관계를 맺었지만, 다른 사람들에게 대항하기 위한 것이었다. 원망하는 소리와 비난하는 소리가 들렸다. 부끄러움이 무엇인지 알게 되었으며, 부끄러워하는 것을 양심이라고 했다. 명예심이 생겨나고, 동맹관계마다 명예라는 깃발이 나부끼게 되었다. 그들은 짐승을 학대하기 시작했다. 그들을 피해 숲속으로 도망간 짐승들은 그들을 적대했다. 투쟁의 시대가 열리면서 인격, 개성, 개인주의를 만들고, 내 것 네 것의 구분을 만들었다. 언어도 다양했다. 그들은 슬픔을 배우고 슬픔을 사랑했다. 또 고통을 갈망했고 진실은 고통을 통해서만 얻어진다고 떠들었다. 그리고 학문이 출현했다. 사람들이 사나워지고 못되게 굴기 시작했다. 그때 박애 정신과 인류에 대해서 말하기 시작했고 그 개념들을 이해했다. 그들은 범죄자가 되었다. 그래서 정의를 생각해냈고, 그 정의를 지키기 위해 완전한 법을 만들었다. 그리고 법을 지키게 만들기 위해 단두대를 설치했다. 그들에게는 자신들이 잃은 것에 대해 희미한 기억만 남았다. 자신들이 옛날에 순진하고 행복했다는 것조차 믿으려 하지 않았다. 그들은 꿈이라고 이름 붙인 자신들의 지나간 행복의 가능성을 비웃지 않고는 못 배기게 되었다." 《작가의 일기》 참조.)

그러나 인간에게 더 나쁜 일이 벌어졌다. 삶에 대한 의식이 삶 그 자체보다 우월하며, "행복의 법칙"에 대한 지식이 행복 그 자체보다 우월하다고 생각하게 되었다. 인간은 영영 끝난 것이다. 학문이라는 악마적 술수 때문에 인간은 자신에게서 떨어져 나오게 되었고, 영원한 현재로부터 멀어져 역사 속으로 끌려 들어갔다. "우스운 인간"은 프로메테우스가 인간에게 했던 오류와 미친 짓을 반복하고 있다.

일단 죄를 저지르고 난 "우스운 인간"은 이제 후회를 선동하고, 막 파괴한 행복의 세계를 다시 정복하라고 설교한다. 진정으로 믿지도 않으면서 그렇게 한다. 작가 도스토옙스키도 등장인물과 같다. 적어도 우리가 받는 느낌은 그렇다. 도스토옙스키는 미래라는 방편들을 밀쳐버리고 좋아하는 강박관념으로, 먼 옛날의 행복으로 돌아간다. 그러나 허울뿐인 꿈이라는 것을 발견한다. 깜짝 놀란 그는 발견이 미칠 영향을 줄이고, 생각으로나마 가장 좋아하는 환상을 구제하려고 노력한다. 그러나 성공하지 못한다. 그도 우리처럼 알고 있다. 그의 생각이 천국의 이중적 불가능성으로 매듭지어질 것이라고 말해도 별로 어긋나지 않는다.

게다가 세 꿈속에서 나타나는 전원풍경을 묘사하는 데 클로드 로랭의 도움을 청했다는 것은 암시적이지 않은가? 도스토옙스키도 니체처럼 로랭의 맥 빠진 환희를 좋아했다. (그처럼 혼란스러운 편향성은 얼마나 깊은 심연을 전제해야 하는가!) 그러나 에덴동산의 행복이 사라지고 인간이 타락하는 배경 그리고 인간이 느끼는 어지럼증을 묘사하는 순간부터 도스토옙스키는 누구의 도움도 빌리지 않고, 오직 자신의 내부에서 모든 것을 끌어낸다. 상상하고 꿈꾸는 것도 멈추고, 그는 보고 있다. 그리고 결국 철기 한가운데 있는 자신을 발견하게 된다. 철기에 대한 애착 때문에 "수정궁"을 파괴하고 에덴동산을 희생한 것이다.

7

도스토옙스키처럼 권위 있는 목소리가 우리에게 먼 옛날 황금기가 얼마나 취약한지, 미래가 얼마나 무의미한지 알려 주었으므로 우리에게 주어진 일은 결론을 내리고 헤시오도 스나 프로메테우스의 망상은 물론 유토피아주의가 시도했던 그 둘의 통합에 더 이상 속지 않는 것이다. 세계적이든 아니 든 조화란 결코 존재한 적이 없었고, 앞으로도 존재하지 않 을 것이다. 정의는 어떤가? 그것이 가능하다고 믿으려면, 아 니 단순히 상상이라도 하려면 악마의 은총까지 가세한 신의 은총을 누리며 초자연적으로 눈이 먼 사람으로 태어나도록 특별히 선택되어야 할 것이다. 하늘과 지옥이 아량을 베풀기를 기대해야 할 것이다. 사실 대단히 불확실한 일이다. "우리의 내부 깊은 곳에 신이 정의롭다는 확신이 없다면, 우리는 생명의 숨결을 보전할 수 없을 것이다." 칼 바르트(1886~1968. 스위스의 개혁교회 목사이자 신학자 — 옮긴이)의 말이다. 그러나 이러한 확신을 갖지 못하고, 아니 한 번도 경험하지도 못하고 사는 사람들도 있다. 그들에게 무슨 비밀이 있는 것일까? 그리고 확신하는 사람들이 아직 숨을 쉴 수 있는 것은 무슨 기적일까?

우리가 아무리 냉정하게 거부해도 아쉬워하는 대상을 완전히 없애지 못한다. 꿈에서 깨어나도 분석을 해도 여전히 살아 있다. 천국의 지리적 현실성이나 이러저러한 형상을 더 이상 믿지 않는다고 해도 우리 속에 여전히 최고 전제로, 우리 존재 근원의 한 차원으로 남아 있다. 그러므로 문제는 천국을 우리의 내부에서 발견하는 것이다. 우리가 천국을 발견하는 때, 우리는 바로 종교학자들이 본질적이라고 부르는 그 영광 안에 들어가는 것이다. 그러나 우리가 정면에서 보는 것은 신이 아니라, 영원한 현재다. 변화를 누르고 영원성을 누르고 얻는 영원한 현재다. 역사야 무슨 상관인가! 역사는 존재의 토대가 아니다. 오히려 존재의 부재이며, 사물의 부정이다. 살아 있는 자기 자신과 단절하는 것이다. 우리는 역사와 같은 본질로 빚어지지 않았다. 그러므로 역사가 경련을 일으킬 때 끼어들고 싶지 않다. 역사는 마음대로 우리를 짓밟지만, 우리의 외양이나 기껏해야 불순물을 건드리는 것뿐이다. 실패의 상징으로, 해방하지 못했다는 표시로 항상 질질 끌고 다니는 *시간의 찌꺼기*뿐이다.

우리의 불행에 대한 해결책은 우리 내부에서 찾아야 한다. 영원한 우리 본성의 원칙에서 찾아야 한다. 만일 그 원칙이 비현실적이라고 판명되고, 증명된다면 우리는 결정적으로 구제 불능이다. 그러나 그 증명이 무슨 가치가 있겠는가? 우리의 한 부분이 시간의 흐름에서 탈주한다는 은밀하고 감동적인 확신이 있다. 우리의 한계선에서 갑자기 솟아오르는 한 줄기 빛으로 신이 우리에게 느끼게 하는 것이 있다. 우리 내부 저 깊숙이 우리를 투사시키는 희열, 그리고 세상 밖이라는 감동적 충격이다. 그 앞에서 증명은 가치가 없다. 그 순간에는 더 이상 과거도 미래도 없다. 흐르는 시간이 사라지고, 물질이 소멸하고, 어둠이 물러난다. 죽음이 하찮아 보이고, 삶도 그러하다. 그 감동을 한 번이라도 경험했다면, 수치심과 비참함 정도는 받아들이면 될 것이다. 그 감동은 수치심과 비참함의 보상이 틀림없을 것이다. 그것은 마치 시간 전체가 사라지기 전에… 마지막으로 우리를 보러 온 것과 같은 것이다. 태고의 천국을 향하여 거슬러 올라갈 필요도 없고, 미래를 향하여 달음질칠 필요도 없다. 하나는 접근할 수 없으며, 하나는 실현 불가능하니까. 그러므로 중요한 것은 밖으로 향해 있을 때 필연적으로 실망할 수밖에 없는 아쉬움이나 기다림을 내 안으로 끌어들이는 것이다. 우리가 아쉬워하거나 기다리는 행복을 우리 안에서 찾거나 만들어내도록 해야 한다는 것이다. 우리 존재의 가장 깊숙한 곳이 아니라면 천국은 없다. 마치 자아 속의 자아와 같은 것이다. 천국을 자신 속에서 찾으려면, 지나간 것이든 앞으로 가능한 것이든 모든 천국을 두루 섭렵해야 한다. 서툰 광신주의로 천국을 사랑하고 증오하고, 그리고 실망으로 깨어난 눈으로 탐색하고 내던져버려야 한다.

헛된 환상을 다른 환상으로 바꾸었을 뿐이라고, 황금기의 전설이 우리가 꿈꾸는 영원한 현재만큼 가치 있는 것이라고 말할까? 희망에 근거가 되는 에덴동산의 자아는 텅 빈 것이며, 결국 거기로 귀착된다고 말할까? 좋다! 그러나 가득 차 있지 않은 텅 빈 상태가 역사 전체보다 현실적이지 않은가?